Claude-Hélène Mayer

Systemische Sternstunden

Inspirierende Impulse und Interventionen für
die therapeutisch-beraterische Praxis

VANDENHOECK & RUPRECHT

»Hänge dein Leben an einen Stern,
und die Nacht wird dir nicht schaden.«
© Phil Bosmans

Mit Dank an meine drei Sterne
Blanchie, Lolo and Ecee

Mit 2 Abbildungen

Bibliografische Information der Deutschen Nationalbibliothek:
Die Deutsche Nationalbibliothek verzeichnet diese Publikation in der
Deutschen Nationalbibliografie; detaillierte bibliografische Daten sind
im Internet über https://dnb.de abrufbar.

© 2023 Vandenhoeck & Ruprecht, Robert-Bosch-Breite 10, D-37079 Göttingen,
ein Imprint der Brill-Gruppe
(Koninklijke Brill NV, Leiden, Niederlande; Brill USA Inc., Boston MA, USA;
Brill Asia Pte Ltd, Singapore; Brill Deutschland GmbH, Paderborn, Deutschland; Brill Österreich GmbH, Wien, Österreich)
Koninklijke Brill NV umfasst die Imprints Brill, Brill Nijhoff, Brill Hotei,
Brill Schöningh, Brill Fink, Brill mentis, Vandenhoeck & Ruprecht, Böhlau,
V&R unipress und Wageningen Academic.

Alle Rechte vorbehalten. Das Werk und seine Teile sind urheberrechtlich
geschützt. Jede Verwertung in anderen als den gesetzlich zugelassenen Fällen
bedarf der vorherigen schriftlichen Einwilligung des Verlages.

Umschlagabbildung: ART_Viktoriia/Shutterstock

Satz: SchwabScantechnik, Göttingen
Druck und Bindung: ⊕ Hubert und Co, Göttingen
Printed in the EU

Vandenhoeck & Ruprecht Verlage | www.vandenhoeck-ruprecht-verlage.com

ISBN 978-3-525-40020-3

Inhalt

Vorwort 9
Eine kurze Einführung in die Sternstunden 11

1 IKIGAI – EIN JAPANISCHES KONZEPT IM THERAPIERAUM
1.1 Einführung in das Ikigai-Konzept 15
1.2 Ikigai in Therapie und Beratung 17
1.3 Systemische Diskurse und Ikigai 20
1.4 Ein Fallbeispiel 23
1.5 Best Practices von Ikigai in systemischer Therapie und Beratung 27
1.6 Reflexionsfragen 29

2 SINNLOSIGKEIT UND FUSSBALL – ALBERT CAMUS GANZ PRAKTISCH
2.1 Einleitung: Albert Camus und seine Philosophie 31
2.2 Camus' Beitrag zu Therapie und Beratung: Leben, Tod, Absurdität und Sinn 34
2.3 Albert Camus' Philosophie in systemischer Therapie und Beratung 37
2.4 Ein Anwendungsbeispiel 39
    2.4.1 Erstkontakt 39
    2.4.2 Die Sitzungen 40
2.5 Best Practices mit Albert Camus 51
2.6 Reflexionsfragen 52

3 TTT: TECHNOLOGIE – TIEFE BEZIEHUNG – THERAPIE
3.1 Einführung in Technologie, Tiefe Beziehung und Therapie 55
3.2 Technologie in Beratung, Therapie und Beziehung 58
3.3 Systemisches um die drei Ts 60
3.4 Ein Anwendungsbeispiel 64
    3.4.1 Zu Beginn der Therapie 64
    3.4.2 Nach einem halben Jahr 65

    3.4.3 Kurz vor Ende der Therapie 66
    3.4.4 Nach Abschluss der Sitzungen 66
3.5 Best Practices 67
3.6 Reflexionsfragen 69

4 DIE LIEBE – KULTURELLE PERSPEKTIVEN AUF EIN GEFÜHL

4.1 Einleitung: Liebe aus unterschiedlichen kulturellen Perspektiven 71
4.2 Liebe in Therapie und Beratung 73
4.3 Liebe aus systemischen Perspektiven 75
4.4 Ein Anwendungsbeispiel 77
    4.4.1 Problem, Überweisungs- und Erklärungskontext ... 77
    4.4.2 Auftrags- und Zielkontext 78
    4.4.3 Weitere Sitzungen 80
4.5 Best Practices im Umgang mit Liebe 84
4.6 Reflexionsfragen 85

5 UNTER DER OBERFLÄCHE: SYSTEMPSYCHODYNAMIKEN DURCHSCHAUEN

5.1 Einleitung: Systempsychodynamische Ansätze und Theorien 87
5.2 Abwehrmechanismen in Systemen 91
5.3 Umsetzung dieser Theorien in Therapie und Beratung 94
5.4 Systempsychologische Dynamiken und systemisches Denken 95
5.5 Ein Anwendungsbeispiel 99
5.6 Best Practices im Umgang mit systempsychodynamischen Prozessen 101
5.7 Reflexionsfragen 104

6 DIE THEORIE DES TERRORS ODER WAS WIR ALLES TUN, UM UNSTERBLICH ZU WERDEN

6.1 Einleitung: Die Terror-Management-Theorie 107
6.2 Umgang mit Terror und Angst in Therapie und Beratung 109
6.3 Terror-Management aus systemischen Perspektiven 111

6.4 Ein Anwendungsbeispiel 113
   6.4.1 Erstgespräch, Überweisungs-
       und Problemkontext 113
   6.4.2 Auftrag bzw. Zieldefinition 114
   6.4.3 Hypothesen 114
   6.4.4 Therapieverlauf 115
   6.4.5 Interventionen 119
6.5 Best Practices bezüglich Terror und Angst 120
6.6 Reflexionsfragen 122

7 TREEBATHING: DIE NATUR NEU ERLEBEN
7.1 Einleitung: Die Bedeutsamkeit der Natur
    und Waldbaden 125
7.2 Natur in Therapie und Beratung 126
7.3 Natur und Waldbaden aus systemischen Perspektiven 127
7.4 Ein Anwendungsbeispiel 130
   7.4.1 Hintergrund der Therapie 130
   7.4.2 Interventionen 131
7.5 Best Practices in und mit der Natur 134
7.6 Reflexionsfragen 135

8 EPILOG
8.1 Neue Einblicke 139
8.2 Ausblick 140

Danksagung 143
Literatur 145

Vorwort

Was ist eine Sternstunde?

In unserem Kontext dient der Begriff »Sternstunde« als eine Metapher für etwas Leuchtendes, Erhellendes und Freudvolles, das durch einen gut strukturierten und prägnanten systemischen Wissensinput in die Welt gebracht wird. Neben den theoretischen Grundlagen ist eine Verbindung zu aktuellen Themen gegeben und der Praxisbezug blitzt auf.

Das alles geschieht im Rahmen einer einzigen Stunde, online, für alle Interessierten leicht und nachhaltig ohne Ressourcenverschleuderung zu erreichen. Schon allein das war eine gleichermaßen geniale wie nützliche Idee von Claude-Hélène Mayer, eine unserem Institut seit Langem verbundene und sehr engagierte systemisch Lehrende, die ich über alle Maßen schätze.

Doch damit nicht genug. Wie Sterne eben manchmal funkeln bei Turbulenzen in der Luft, so funkelte ein Stern besonders stark, der uns unsere gesamtgesellschaftliche Aufgabe als systemisches Weiterbildungsinstitut deutlich machte. Wir sind überzeugt, unserer Verantwortung für den Klimaschutz gerecht werden zu müssen. Auch unsere Teilnehmer*innen sind in der Mehrzahl sehr dafür, Sinnvolles zu tun, gerade den jungen unter ihnen ist klar, dass ihre perspektivischen Möglichkeiten auch an gelingenden Klimaschutz gebunden sind.

So wird seit dem Start der »Sternstunden« für jedes Teilnehmer*innen-Ticket ein Baum gekauft und an die Klimaschutzorganisation »PLANT-MY-TREE« gespendet. Die Lehrenden und Gastdozent*innen sind pro bono tätig. Das Institut verzichtet auf Einnahmen und die Teilnehmer*innen spenden jeweils einen Baum.

Hier passiert das, was ein sinnvolles Wachstum einer Organisation und seiner Beteiligten genannt werden kann. Erst das Adjektiv »sinnvoll« macht ein Wachstum so richtig attraktiv und wertvoll.

Claude-Hélène Mayers Buch bildet auf eine sehr klare und versierte Weise das Charakteristische der »Sternstunden« ab. Als ihre

Pionierin begeistert sie durch umfassendes Wissen und durch ihre frische, lebensbejahende Art.

Mein herzlicher Dank geht an Claude-Hélène Mayer. Mögen allen beim Lesen die Augen funkeln!

Ingrid Voßler
Lehrende in systemischer Therapie und Beratung, Supervision sowie in Systemaufstellungen

EINE KURZE EINFÜHRUNG IN DIE STERNSTUNDEN

> *»Das Reisen führt uns zu uns zurück.«*
> Albert Camus (1947)

Die Idee zu diesem Buch entstand während der Vorbereitung der ersten Sternstunde und basiert darauf, dass die Themenschwerpunkte der Sternstunden, das generierte Wissen und die Anwendungsbeispiele wichtige Impulse für vielfältige Theorie- und Praxisfelder geben können. Sie können so zudem über die Online-Sternstunden hinaus einem größeren Publikum zugänglich gemacht und systemisch nachhaltig genutzt werden.

Das Buch lädt die Leser*innen ein, den Sternstunden des Jahres 2021 lesend zu folgen und interaktiv mitzudenken. Die Sternstunden waren am Kasseler Institut für Systemische Therapie und Beratung (KI) wie folgt ausgeschrieben:

> **Willkommen zu den Sternstunden!**
> Sie möchten einmal wieder tiefe Verbindung erfahren, Neues lernen, aber noch viel mehr in den Austausch mit anderen gehen? Sie brauchen ganz praktische Tools und Best Practices für bestimmte, herausfordernde Situationen, um im beraterischen und therapeutischen Alltag mal wieder neue Interventionen auszuprobieren, kreativ und innovativ zu sein? Dann sind unsere systemischen Sternstunden für Sie genau das Richtige.
>
> Von Mai bis Dezember 2021 laden wir Sie zu sieben Sternstunden mit Claude-Hélène Mayer ein. Jede Sternstunde besteht aus:
> - 15 Minuten Impulsvortrag und Diskussion im Plenum
> - 15 Minuten kollegialem Austausch (in Kleingruppen)
> - 10 Minuten Bedeutung des Themas für die systemische Therapie und Beratung
> - 15 Minuten Best Practices
> - 5 Minuten Abschluss und Ausblick

Abbildung 1: Sternstunden-Baum des KI

Dieses Buch gibt in kurzer und prägnanter Form die Inhalte dieser sieben Sternstunden wieder, skizziert ihre Relevanz für die systemische Therapie und Beratung und stellt Best Practices vor. So vermittelt diese Publikation einen Einblick, wie die jeweiligen Themen in systemischer Therapie und Beratung praktisch genutzt werden können. Die folgende Übersicht fasst die Themen der Sternstunden kurz und überblicksweise zusammen.

Erste Sternstunde: ⭐ Ikigai	Ikigai – Ein japanisches Konzept im Therapieraum
	Die japanische Philosophie des Ikigai trägt dazu bei, den persönlichen Sinn des Lebens zu finden. Was diese Philosophie auszeichnet und wie sie in therapeutischen oder beraterischen Kontexten genutzt werden kann, erfahren Sie in dieser Sternstunde.
Zweite Sternstunde: ⭐ Albert Camus und Existenzialismus	Sinnlosigkeit und Fußball – Albert Camus ganz praktisch
	In dieser Sternstunde beschäftigen wir uns praxisnah mit der Philosophie Albert Camus' und damit, wie sie uns und unsere Arbeit mit Klient*innen inspirieren kann.

Dritte Sternstunde: ★ Technologie	TTT: Technologie – Tiefe Beziehung – Therapie Diese drei Ts sind aus dem heutigen Therapie- und Beratungsalltag nicht mehr wegzudenken. Diese Sternstunde geht der Frage nach, wie sich tiefe Beziehungen zwischen Klient*in und Therapeut*in auch in technologiebasierter Therapie und Beratung herstellen lassen.
Vierte Sternstunde: ★ Liebe	Die Liebe – kulturelle Perspektiven auf ein Gefühl Diese Sternstunde richtet ihren Blick auf Liebesbeziehungen und ihre interkulturellen Implikationen. Über die eigenen Bezüge hinaus, kann eine Auseinandersetzung mit diesem Thema wichtige Beiträge für die Heilung interkultureller Beziehungen in der Therapie und Beratung liefern.
Fünfte Sternstunde: ★ Systempsychodynamiken	Unter der Oberfläche: Systemdynamiken durchschauen Aufgrund ihrer Komplexität können Systempsychodynamiken eine Herausforderung für Therapie und Beratung darstellen. Die Sternstunde führt in ein gut verständliches Modell ein, das in der Beratung und Therapie Klarheit über Systemdynamiken sicherstellt.
Sechste Sternstunde: ★ Terror-Management	Die Theorie des Terrors oder was wir alles tun, um unsterblich zu werden Die Terror-Management-Theorie fragt danach, warum die Angst vor dem Tod eine starke Triebfeder für Gedanken, Handlungen, Gefühle und Motivationen ist. Die damit verbundenen Einsichten und Erkenntnisse können helfen, neue Wege in Therapie und Beratung einzuschlagen.
Siebte Sternstunde: ★ Treebathing	Treebathing: Die Natur neu erleben Es gibt unterschiedliche kulturelle Praktiken, die Natur in die Arbeit mit Klient*innen einzubeziehen. Diese Sternstunde richtet den Fokus auf das Waldbaden, ein japanisches Konzept, in der Natur Heilung zu erfahren, das sich in vielfältigen Therapie- und Beratungsbezügen überall auf der Welt einsetzen lässt.

Das Buch orientiert sich in seiner Kapitelstruktur an dieser Themenfolge. Die Kapitel sind darauf ausgelegt, relevante theoretische Grundlagen zum jeweiligen Fokus zu vermitteln, systemisches Denken zu erweitern, neue Verbindungen zwischen systemischem Denken und den spezifischen Inhalten zu schaffen und Praxishinweise zu geben. Die Kapitel richten sich an einer einheitlichen Struktur aus:

- Das Thema wird kurz hinsichtlich seiner theoretischen und praktischen Implikationen vorgestellt.
- Mögliche Anwendungsfelder für die beraterische und therapeutische Praxis werden erörtert.
- Ein systemischer Bezug zum Thema wird skizziert.
- Ein Anwendungsbeispiel konkretisiert Umsetzungsideen für die Praxis.
- Best Practices bieten weitere praxisorientierte Einsichten.
- Vertiefende Reflexionsfragen runden die thematische Auseinandersetzung ab.

Ihnen als Leser*innen dieses Buches wünsche ich viel Spaß bei der Lektüre, beim systemischen Eindenken in die neuen thematischen und methodischen Verknüpfungen und hoffe, Ihnen in der Zukunft bei weiteren Sternstunden am KI begegnen zu können. Die aktuellen Sternstunden finden Sie auf https://www.kasselerinstitut.de.

1 IKIGAI – EIN JAPANISCHES KONZEPT IM THERAPIERAUM

*»Du bist zu schnell gelaufen für dein Glück.
Nun, da du müde bist, holt es dich ein.«*
Friedrich Nietzsche

1.1 Einführung in das Ikigai-Konzept

Ikigai hat seinen Ursprung in der japanischen Kultur des 14. Jahrhunderts (Ishida, 2011) und gewinnt in den letzten Jahren zunehmend auch in anderen kulturellen Kontexten an Beachtung (Fabritius, 2017; Fido, Kotera u. Asan, 2019; Mayer, 2020). Es ist ein soziokulturelles und philosophisches Konzept, das die Entwicklung des Selbst im Hinblick auf den Lebenssinn reflektiert und somit als ein Ansatz zur Sinnfindung im Leben betrachtet werden kann.

Als Sinnfindungskonzept passt Ikigai gut in existenzielle Therapie- und Coaching-Konzepte (Ishida, 2012b), denn diese Ansätze fokussieren und erforschen in der Regel den grundlegenden Sinn des Lebens und minimieren oder verhindern dadurch psychische Erkrankungen, destruktive psychische Zustände, Drogensucht und andere Abhängigkeiten (Ishida, 2012a). Sie tragen zur Entwicklung eines unabhängigen Geistes (Ishida, 2012a) und liebevoller Freundlichkeit bei Führungskräften bei (Mayer, 2020). In den letzten zehn Jahren häuften sich die internationalen Berichte über einen Anstieg an Suiziden und Hinweise, dass existenzielles Leiden und der Verlust des Lebenswerts in bestimmten Gesellschaften wie Japan rasant zunehmen (Ozawa-de Silva, 2008). Dieser Verlust des Lebenswerts wurde als existenzielle Krise beschrieben, die »typisch für moderne Gesellschaften ist, in denen die Menschen eher das tun, was ihnen gesagt wird oder was andere tun, als das, was sie tun wollen« (García u. Miralles, 2017, S. 415).

Ikigai wurde ins Englische übersetzt als »das, was das eigene Leben am lebenswertesten erscheinen lässt«[1] (Tanno u. Sakata, 2007,

---

1 Alle Zitate aus nicht deutschsprachigen Werken sind eigene Übersetzungen, C.-H. M.

S. 114), sowie als das Bewusstsein, ein »lebenswertes Leben« zu führen (Sone et al., 2008, S. 709).

In mehreren Forschungsartikeln wurde Ikigai und somit das Konzept eines »nachhaltigen Lebens« kulturübergreifend verglichen, wobei Ikigai als Konzept der kulturellen Weisheit, das sich auf ein als lebenswert empfundenes Leben bezieht, spezifisch für den japanischen Kulturraum gilt (Bilash, 2019), während ein Konzept wie Ubuntu beispielsweise für den afrikanischen Kontext beschrieben wird (Hayward u. Roy, 2019).

Bilash argumentiert, dass Menschen in globalen und komplexen Systemen aus den unterschiedlichsten Quellen kultureller Weisheit schöpfen müssen, um Individuen zu befähigen, »Agent*innen [also Handlungsverantwortliche] ihrer eigenen Veränderung zu sein« (Bilash, 2019, S. 257). Das Konzept des Ikigai ist im deutschen oder südafrikanischen Kontext kaum erforscht. Eine deutsche Studie zu psychosozialen Einflussfaktoren auf die Krebsentstehung verweist allerdings auf eine japanische Studie, die hervorhebt, dass Frauen, die Sinn im Leben erfahren, weniger anfällig für Brustkrebs sind als Frauen, die keinen Sinn im Leben im Sinne von Ikigai empfinden (Nielen et al., 2007, in Schwarz, Messerschmidt u. Dören, 2007). Es konnte jedoch keine Forschung gefunden werden, die die Wirkung von Ikigai in deutschen und südafrikanischen Kontexten untersucht, es liegen aber einige praktische Leitfäden und Programme vor (z. B. Arauner, 2018; Mogi, 2017), die Ikigai in deutschen und südafrikanischen Kontexten als Selbsthilfeprogramme empfehlen.

Komar (2023) zeigt in ihrem Artikel auf, dass die japanische Kultur, insbesondere in Bezug auf das Arbeitsleben, kontroverser kaum sein könnte: Einerseits wird Ikigai als wegweisende Philosophie zur Definition des Lebenswerts propagiert, andererseits sterben in Japan Tausende Menschen an Erschöpfung, die auf Überarbeitung zurückzuführen ist. Ikigai kann das Individuum dabei unterstützen, den persönlichen Sinn im Leben und in der Arbeit zu finden, die Motivation zu steigern und die Reise ins innere Selbst zu fördern (Komar, 2023). Ikigai kann auch dazu beitragen, eine Organisationskultur mit gemeinsamen Visionen aufzubauen und eine Angleichung der individuellen und organisatorischen Werte und Ansätze zu unterstützen. Es ist daher anzunehmen, dass deutsche Mitarbeiter*innen und Organisationen von der japanischen Ikigai-Philosophie lernen können; allerdings muss diese Philosophie auch in den stressigen Alltagsroutinen des postmodernen Lebens umgesetzt werden (Komar, 2023).

1.2 Ikigai in Therapie und Beratung

Abbildung 2: Das Ikigai-Konzept

Der Lebenssinn spielt auch in europäischen Therapie- und Beratungsansätzen eine wichtige Rolle. Ausgehend von Kierkegaard (1844) haben sich in Europa insbesondere der Existenzialismus und die existenzialistischen Philosophien mit dem Sinn des Lebens auseinandergesetzt. Die existenzialistische Theorie in ihren vielfältigen Ausprägungen (Yalom, 1980; Cooper, 2016; Spinelli, 2007) weist je-

doch darauf hin, dass sich der Existenzialismus auf bestimmte Schlüsselkonzepte fokussiert, wie beispielsweise
- Bezogenheit (alle Menschen drücken sich aus, indem sie ihre Aussagen aufeinander beziehen und wechselseitig begründen),
- Ungewissheit (die Realität wird als ungewiss, unvorhersehbar und unentrinnbar erlebt),
- existenzielle Angst (bezieht sich auf die letztendliche Unvollständigkeit, das unvermeidliche Unbehagen und die Angst, die alle reflektierenden Erfahrungen durchdringen).

Ikigai-Erleben trägt dazu bei, Bezogenheit herzustellen, Ungewissheit zu überbrücken und existenzielle Angst über Sinnhaftigkeitskonstruktionen zu transformieren.

Dabei besteht das – im Westen verbreitete und komplexitätsreduzierte – Konzept von Ikigai aus vier Kernelementen und vier Überschneidungsbereichen (siehe Abbildung 2).

Im Zentrum dieser vier Kernelemente und Überschneidungsbereiche steht Ikigai, der Wert des Lebens. Im Folgenden werden die vier Kernelemente mit ihren wichtigsten Fragestellungen vorgestellt:

Was Sie lieben
- Was macht Spaß und was tun Sie besonders gern?
- Was würden Sie tun, wenn Sie sich keine Sorgen um Geld oder Verdienst machen müssten?
- Wie und womit würden Sie Ihre Zeit in einem langen Urlaub oder an einem freien Wochenende verbringen, wenn Sie tun und lassen könnten, was Sie wollen?
- Was empfinden Sie als an- und aufregend?
- Was bringt Sie in Schwung, motiviert Sie und fördert Ihr intrinsisches Engagement?
- Worüber könnten Sie andauernd mit Begeisterung reden?

Was die Welt braucht
- Was könnten Sie der Welt, Ihrer Kultur oder Ihrer Familie geben?
- Welche Probleme in Ihrer Gesellschaft würden Sie gern sofort lösen (helfen)?

- Welche Probleme in der Welt, in Ihren (Sub-)Gruppen und in Ihrer Gemeinschaft berühren Sie emotional?
- Sind Menschen bereit, sich von ihren Ressourcen zu trennen, um das zu kaufen, was Sie verkaufen?
- Wird Ihre Arbeit auch in einem Jahrzehnt (oder sogar in einem Jahrhundert) noch relevant sein?

Worin Sie gut sind
- Welche sind Ihre natürlichen, angeborenen Gaben, Ihre Talente und Fähigkeiten?
- In welchen Bereichen Ihres derzeitigen Jobs/Engagements sind Sie gut, ohne sich anstrengen zu müssen?
- Worin gehören Sie zu den Besten bei Ihrer Arbeit, in Ihrer soziokulturellen Gruppe, in Ihrem Land oder sogar auf der ganzen Welt?
- Was meinen Sie: In welchem Bereich könnten Sie mit etwas mehr Ausbildung und Erfahrung zu den Besten gehören in dem, was Sie tun?

Wofür Sie bezahlt werden können
- Womit verdienen Sie Ihr Geld, Ihren Lebensunterhalt?
- Sind Sie in letzter Zeit für das, was Sie tun, bezahlt worden?
- Sind Sie jemals für das, was Sie tun, bezahlt worden? Wenn nicht, werden andere Menschen für diese Arbeit bezahlt?
- Verdienen Sie mit dem, was Sie tun, ein gutes Einkommen?
- Können Sie von der Bezahlung Ihrer Arbeit gut leben?
- Wie könnten Sie mit dem, was Sie tun, mehr Geld verdienen?

Wenn Sie nun die Zwischenräume der Abbildung 2 betrachten, so findet sich zwischen dem, was eine Person liebt, und dem, was die Welt braucht, die *Mission*. Zwischen dem, was die Welt braucht, und dem, wofür sie bezahlt wird, steht die *Berufung*. Zwischen dem, wofür sie bezahlt wird, und dem, worin sie gut ist, scheint die *Profession* auf und schließlich ist zwischen dem, worin eine Person gut ist, und dem, was sie liebt, die *Passion*, die Leidenschaft, platziert.

In den weiteren Zwischenräumen zwischen Mission, Berufung, Beruf und Passion scheinen Elemente auf, die in einer Art Dicho-

tomie (als positive und negative Pole) skizzieren, was die Felder in ihren Überschneidungsbereichen bereithalten:
1. Zwischen Mission, Berufung und dem, was die Welt braucht: Begeisterung und Selbstgefälligkeit, aber Gefühl der Unsicherheit
2. Zwischen Berufung, Beruf und dem, wofür eine Person bezahlt wird: Bequemlichkeit, aber auch ein Gefühl der Leere
3. Zwischen Beruf, Passion und dem, worin eine Person gut ist: Befriedigung, aber auch das Gefühl der Nutzlosigkeit
4. Zwischen Passion, Mission und dem, was eine Person liebt: Freude und Erfüllung, aber kein Reichtum

1.3 Systemische Diskurse und Ikigai

In Theorie und Praxis gleichermaßen gibt es einen andauernden Diskurs hinsichtlich der Frage nach theoretischen Ansätzen und praktischen Interventionen, die zu einer positiven und gesunden individuellen Entwicklung, zu persönlichem Wachstum, zur Reduktion von Stress, zur Erkenntnis systemischer Schlüsselfaktoren, aber auch zur Organisationsentwicklung und Steigerung der Effektivität beitragen können (Biron, Burke u. Cooper, 2014). Systemische Therapie und Beratung, als Strategien zur Entwicklung von Individuen und Organisationen aus einer positiven, systemisch-psychologischen Perspektive, sind erst in jüngster Zeit auf verstärktes Interesse gestoßen (Biron et al., 2014; Mayer, 2011). So sind in letzter Zeit vermehrt systemische Ansätze in den Blick gerückt, die dazu beitragen sollen, systemische Dynamiken zu erkennen, den Beitrag bestimmter Systemelemente zum Gesamtsystem zu identifizieren und systemische Balance herzustellen und so bewusstes systemisches und ganzheitliches Handeln zu erleichtern. So kann es gelingen, aus systemischer Perspektive Dynamiken zu erkennen, Sinn, Balance und Ausgleich zu schaffen und einzelne Elemente zu verändern, damit Probleme ganzheitlich transformiert und passende Lösungen entwickelt werden können. Diese Transformationen entstehen aus der Grundlage der Einschätzung des Settings, den soziokulturellen Gegebenheiten und der Einbeziehung systemisch ausgerichteter Interventionen, deren Beitrag in der Erhöhung der individuellen und organisatorischen Entwicklung resultiert (Nazarkiewicz u. Krämer, 2012).

Anliegen dieser Sternstunde ist es, Ikigai als bedeutsamen Ansatz in der systemischen Therapie und Beratung vorzustellen und dazu beizutragen, Ikigai als systemisches, positives und existenzielles Tool für Therapie und Beratung zu erschließen. Neben einer Einführung in die Ikigai-Philosophie werden systemische Übereinstimmungen und Abgrenzungen dieses aus Japan stammenden Konzepts beschrieben. Best Practices werden verdeutlichen, wie Ikigai in systemischer Therapie und Beratung nutzbringend eingesetzt werden kann.

Systemische Therapie und Beratung basieren auf Ansätzen des systemischen Denkens (Bateson, 1985, 1987; Luhmann, 2000; Maturana, 1998; Maturana u. Varela, 1990). Als grundlegendes Merkmal eines Systems gelten die systemischen Vernetzungen und die Beziehungen der Elemente, Subsysteme und Prozesse untereinander. Diese Beziehungen sind vor allem durch die Annahme bestimmt, dass das Ganze größer ist als die Summe seiner Teile und dass ganzheitliche Ansätze zu adäquaten Lösungen führen können. Der Begriff »System« definiert die Gesamtheit der Elemente und deren Beziehungen untereinander (von Bertalanffy, 1968, S. 55). Durch ihre Interaktion und Kommunikation miteinander bilden die Elemente eine sinnvolle und zweckmäßige Einheit, das System (Meer, 2008). Ein System grenzt sich von anderen durch spezifische Regeln und Vorschriften, ebenso durch seine Organisation und Struktur ab.

Biologische (Maturana, 1998; Maturana u. Varela, 1990) und soziologische (Luhmann, 2001) Annahmen haben zu einem Anstieg des systemischen Denkens in Therapie und Beratung geführt und Systemtheorien beeinflusst (Ludewig, 2005). Maturana (1998) war einer der ersten Wissenschaftler*innen, die sich intensiv mit Systemen beschäftigt haben, und er betonte, dass die funktionalen und operativen, geschlossenen Nervensysteme des Menschen nicht zwischen internen und externen Auslösern, Wahrnehmungen und Illusionen unterscheiden. Diese Nervensysteme werden als reproduktiv, autopoietisch und autonom angesehen. Daher ist der Begriff der Beobachtung im systemischen Denken wesentlich. Für Maturana (1998) bedeutet »Beobachten« insbesondere Differenzierung. Wenn es keine Möglichkeit der Unterscheidung gibt, gibt es auch keine kognitive (Wieder-)Erkenntnis. Das bedeutet, dass es keine Konstruktion von Wirklichkeit gibt. Luhmann (2001), der auf Maturanas wissenschaftlichen Erkenntnissen aufbaut, wendet sie auf soziale Systeme an. Er hebt hervor, dass soziale Systeme auf Kommunikation beruhen und dass diese dazu beiträgt, bestimmte systemische Komplexitäten zu reduzieren und gleichzeitig neue Formen von Komplexitäten zu schaffen, die für den Menschen leichter versteh- und bewältigbar sind. Zugleich sind kommunizierte Komplexitäten für Menschen bedeutungsvoller als andere Komplexitäten, wie zum Beispiel die Undurchdringlichkeit, Unberechenbarkeit und Unvorhersehbarkeit von Systemen. Nach Luhmann (2001) stellt der anthropologische Ansatz eine Möglichkeit dar, die doppelte Kontingenz von Undurchdringlichkeit und Unberechenbarkeit zu reduzieren. Systemische Denkansätze könnten nach Luhmann (2001) dazu beitragen, die Komplexität der Wirklichkeit zu reduzieren und für die beobachtende und die beobachtete Person gleichermaßen nachvollziehbar zu machen.

Ludewig (2005) betont, dass systemisches Denken als eine Art »Denkkultur« betrachtet werden kann. Diese beantwortet die Frage, wie Individuen ihre Wirklichkeiten innerhalb sozialer Systeme konstruieren, welche Prämissen sie bevorzugen und welche Möglichkeiten sie sehen, diese Prämissen zu hinterfragen (von Schlippe u. Schweitzer, 2003). Systemisches Denken zielt darauf ab, den Fokus eines Problems neu zu akzentuieren, eine spezifische Methodik für die Bearbeitung hoher Komplexität vorzustellen und aus einem problemzentrierten Ansatz zu einem lösungszentrierten Ansatz zu gelangen (de Shazer, 2004).

Dabei geht systemisches Denken immer von der Erfahrungswelt der*des Einzelnen – der beobachtenden bzw. der beobachteten Person – aus und ist daher immer als subjektiv definiert (Bateson, 1987). Im Gegensatz zu Luhmanns (2000) soziologischer Systemtheorie betrachten Bateson und Ruesch (1995, S. 305) das handelnde Individuum als Element des Systems: Das soziale System besteht aus »teilnehmenden Individuen«, die die Realität des Systems miteinander aushandeln. Ihrer Auffassung nach findet Kommunikation jedoch auf vier verschiedenen Ebenen statt: auf der intrapersonellen Ebene (was innerhalb einer Person vor sich geht), der interpersonellen Ebene (was zwischen zwei oder mehreren Personen geschieht), der Ebene der Gruppenprozesse (Interaktionen zwischen vielen Menschen) und der Ebene der kulturellen Prozesse (Interaktionen zwischen großen Gruppen, kulturellen Gruppen und/oder in der Gesellschaft als Ganzes). Nach Bateson (1987) ist es der »Unterschied, der einen Unterschied macht«, wobei der Unterschied Teil der Wirklichkeitskonstruktion der beobachtenden Person ist und keine objektive Tatsache. Somit handelt es sich bei den beobachteten Prozessen innerhalb eines Systems immer um eine Konstruktion sowohl der Person, die interagiert, als auch der Person, die beobachtet.

Diese Form des systemischen Denkens ist verwandt mit dem Grundprinzip des ethischen Imperativs von von Foerster (1995), der dazu rät, dass Handlungen immer darauf abzielen sollten, das Quantum der Möglichkeiten zu erhöhen. Handlungen werden als sinnvoll definiert, wenn sie Wahlmöglichkeiten erweitern. Demzufolge können Handlungen wie Richtig-Falsch-Urteile oder Handlungen, die aufgrund individueller oder gesellschaftlicher Tabus verboten sind, die Möglichkeiten einschränken und werden daher im systemischen Denken abgelehnt. Dieser Ansatz systemischen Denkens passt zum Ikigai-Konzept, das ebenfalls Optionen vermehren und Handlungsspielräume erweitern will. Dies illustriert das folgende Anwendungsbeispiel.

1.4 Ein Fallbeispiel[2]

Philia, 29 Jahre, ist Single und leitende Angestellte in einem privaten Krankenhaus. Sie ist eine karriereorientierte Ärztin, die das Joggen und Meditieren liebt. Kurz vor dem Ausbruch der COVID-19-Pandemie ist sie in eine fremde Stadt umgezogen, um eine neue Stelle anzutreten. Seither sind fünf Monate vergangen und sie leidet unter Schlaflosigkeit, extremer Müdigkeit und Abgeschlagenheit sowie Demotivation, Angst, Depression und unter einem Gefühl von Sinnverlust.

Philia ist als leitende Angestellte in einem der privaten Krankenhäuser in Gauteng, dem wirtschaftlichen Zentrum und Ballungsraum Südafrikas und des gesamten südlichen Afrikas, tätig. Ihr ganzes Leben lang hat sie hart gearbeitet und ihren ganzen Willen und ihre Energie

---

2 Dieses Fallbeispiel wurde in ähnlicher, dennoch angepasster Form bereits auf Englisch publiziert in Mayer und Vanderheiden (2021b).

auf ihre Karriere fokussiert, um eine erfolgreiche Ärztin zu werden. Darüber hinaus hat sie verschiedene Fortbildungen besucht, um ihre Führungsqualitäten auszubilden, und sich besonders angestrengt, um Fachärztin für Anästhesie zu werden. Sie ist alleinstehend und fühlt sich ihrer Mutter sehr verbunden, mit der sie jeden Tag telefoniert.

In ihrer neuen Position ist sie als Leiterin der Notaufnahme in einem relativ kleinen, privaten Krankenhaus tätig. Kurz nach ihrem Dienstantritt im Januar 2020 wurde der erste COVID-19-Fall am 14. Februar 2020 in Äthiopien und am 5. März 2020 in Südafrika gemeldet (Mbunge, 2020). Im März traten bei Philia die ersten oben eingangs genannten Symptome auf. Anfang März hatte sie beschlossen, einen Coach zu konsultieren, der sie dabei unterstützen sollte, die Schlaflosigkeit zu überwinden, die sich auf ihre Arbeitsfähigkeit auszuwirken begann. Sie hoffte, dass das Coaching dazu beitragen würde, die richtigen Entscheidungen zu treffen, um »wieder in die Spur zu kommen«.

In Phase 1 hörte sich die Beraterin Philias Symptome, ihre Geschichten und Erklärungen, ihre Lebensgeschichte in den letzten Jahren und ihre Frustration über die globale und lokale Situation an, in der sie und die Welt sich aufgrund von COVID-19 befanden. Philia sprach über ihre Ängste als Krankenhausmitarbeiterin, ihre Angst, sich mit COVID-19 zu infizieren und die Krankheit auf ihre Familie zu übertragen, ihre Frustration darüber, Single zu sein und das Gefühl zu haben, ihr Leben aufgrund ihrer Fokussierung auf Studium und Karriere verschwendet und es verpasst zu haben, eine eigene Familie zu gründen. Sie sprach auch über ihre persönlichen Hintergründe, zum Beispiel darüber, wie ihre Eltern nach Südafrika auswanderten, um einem Krieg in ihrem Herkunftsland zu entkommen, kurz bevor sie geboren wurde.

In Phase 2, nachdem die Beraterin sich Philias »existenzielle Spannungen«, ihr Leiden und ihre Frustrationen angehört hatte, nutzte sie das Ikigai-Modell, um einzelne Facetten von Philias Leben zu erforschen und herauszufinden, welche Veränderungen dazu beitragen könnten, Philia darin zu unterstützen, die für sie richtigen Entscheidungen zu treffen.

Zunächst erkundete Philia, was sie liebt. Sie beschrieb zahlreiche soziale Aktivitäten, sich mit Freund*innen zu treffen, zu laufen und

Sport zu treiben und sich mit ihrer Mutter zu unterhalten. Früher liebte sie es, in der Natur zu sein, das Leben zu genießen und Spaß zu haben, aber sie wies darauf hin, dass sie diesen Aktivitäten kaum noch nachging, da sie sich auf ihre Karriere und den Abschluss ihres Studiums mit Auszeichnung konzentrierte. Sie hatte ursprünglich geplant, nach dem Studium viele dieser Aktivitäten wieder aufzunehmen, aber dann begann sie den neuen Job und war mit den Lockdowns aufgrund der Pandemie konfrontiert.

Auf der Suche nach dem, was die Welt braucht, äußerte sie die Überzeugung, dass die Welt mehr Freude und Freundlichkeit brauche. Allerdings fiel es ihr schwer, dies zu formulieren, da ihre Gedanken sie immer wieder zu dem führten, »was die Welt nicht braucht«, wie zum Beispiel Kriminalität, Armut, Krankheit, Schlaflosigkeit und Angstzustände.

Bei der Frage, wofür sie bezahlt werden könnte, konnte sie nur an den Beruf denken, dem sie sich seit vielen Jahren verschrieben hatte. Sie war überzeugt, dass sie nur für ihre medizinische Kompetenz und Spezialisierung bezahlt werden könnte. Da sie gerade erst in ihrer neuen Führungsposition den Dienst aufgenommen hatte, war sie überzeugt, dass sie vor allem für den Beruf bezahlt werden sollte, den sie sich hart erarbeitet hatte.

Auf die Frage, was sie gut könne, führte sie aus, dass sie eine gute Fachkraft sei und gut studieren und laufen könne. Sie glaubte zudem, dass sie ihrer Mutter eine gute Tochter und für ihre wenigen Freund*innen, die sie schon lange nicht mehr gesehen hatte, eine treue Freundin sei.

Bei der Untersuchung ihrer Lebensaufgabe war sie überzeugt, ihre Mission sei es, »Gutes in der Welt zu tun«, »den Kranken zu helfen« und »zur Gesundheit der Menschen beizutragen«. Aber nachdem sie ihre neue Tätigkeit aufgenommen hatte und die Pandemie begann, belastete sie die Arbeit an der Front sehr. Sie verspürte den Wunsch, »wegzulaufen«, weil sie überzeugt war, dass sie die persönliche Mission, für die sie so viele Jahre gearbeitet hatte, verloren hatte.

In Bezug auf ihre Berufung war sie überzeugt, dass sie in den medizinischen Beruf berufen wurde, um zur Gesundheit der Menschen beizutragen. Auch wenn sie spürte, dass sie eigentlich den richtigen Beruf gewählt hatte, empfand sie den Beginn der neuen Stelle und die Pandemie als existenzielle Bedrohung und fühlte sich als Mitarbeiterin an vorderster Front extrem überfordert. Philias Leidenschaft waren stets ihr Studium und der Arztberuf gewesen, aber sie stellte fest, dass sich diese Leidenschaft mit dem Eintritt in die neue Führungsposition und mit der Pandemie aufgelöst hatte.

Während der dritten und vierten Coaching-Sitzung arbeitete die Beraterin mit Philia vor allem an der Erforschung ihrer Leidenschaft(en) und der »abhandengekommenen« Berufung. Neben existenziellen Coaching-Ansätzen bezog die Beraterin systemische Coaching-Werkzeuge und die von Carl Gustav Jung entwickelte aktive Imagination ein. Mit deren Hilfe gelang es Philia am Ende des Coaching-Prozesses wieder, sich mit ihrer Leidenschaft zu verbinden.

Als es in Phase 3 der Beratung darum ging, aktiv zu werden, entschied sich Philia, von ihrer Führungsposition im Krankenhaus zurückzutreten und sich auf neue Stellen im Ausland zu bewerben. Sie hatte entdeckt, dass ihre Leidenschaft – die mit dem Studium, dem Erforschen neuer Themen und Aufgaben und der persönlichen Fortentwicklung verbunden war – befriedigt werden könnte, indem sie ihr Heimatland verließ und sich im Ausland um eine Stelle bewarb. Sie war überzeugt, dass sie in einem anderen Land ein höheres Einkommen erzielen könnte, dass COVID-19 neue Türen für Ärzt*innen und medizinisches Personal geöffnet hatte und sich im Ausland ihr Traum vom lebenslangen Lernen im Rahmen einer neuen, anregenden Umgebung leichter realisieren ließe. In der letzten Sitzung erwähnte sie, dass sie sich manchmal schuldig fühle, ihren Job und die Kolleg*innen zurückzulassen, die mit dem COVID-19-Druck und der hohen Sterblichkeitsrate zu kämpfen hatten. Sie war jedoch zugleich überzeugt, dass ihre Leidenschaft nur dann vollständig wiederhergestellt werden könne, wenn sie ein neues Leben begänne, zu ihrer ursprünglichen Mission, Berufung und ihrem Beruf zurückkehrte, um in einer völlig neuen Umgebung weiterhin das zu tun, was sie gut könne, nämlich einen Beitrag zur professionellen medizinischen Versorgung und Führung zu leisten und gleichzeitig ihre Verdienstmöglichkeiten zu verbessern.

1.5 Best Practices von Ikigai in systemischer Therapie und Beratung

In der systemischen Therapie und Beratung stehen oft existenzielle und grundlegende Fragen des Lebens im Mittelpunkt. Themen wie Tod, Verlust, Trauer, Transformation sind dabei von zentraler oder auch übertragener Bedeutung. Der Sinn des Lebens spielt in allen existenziellen Fragestellungen eine wichtige Rolle und ist häufig mit anderen Themen (Greening, 1992) verknüpft: Leben und Tod, Gemeinschaft und Isolation, Freiheit und Determinismus, Sinnhaftigkeit und Absurdität. In der Existenziellen Positiven Psychologie (EPP) nach Paul Wong (2020c) geht es zudem immer wieder darum, im Leben die Fähigkeit herzustellen, sich vom Negativen zum Positiven zu bewegen und Herausforderungen zu überwinden. Der systemische Blick hilft dabei, die*den Klient*in ganzheitlich in Beziehung zu der Umwelt zu betrachten, Ressourcen und Wachstumsorientierungen auszuloten und in den Prozess von Therapie und Beratung stets neu einzuspeisen. Nach Mieko (1966) ist dabei das Ziel zu verfolgen, ein positives Gefühl zum individuellen Lebendigsein zu entwickeln, eine Lösungsfokussierung (de Shazer, 2004) und eine neue Denkkultur im systemischen Sinne (Ludewig, 2005) herzustellen. Dabei spielen das Beobachten (Maturana, 1998) und somit das Differenzieren und differenzierte Wahrnehmen der*des Einzelnen im Kontext des Lebenssystems eine wichtige Rolle. Die Erfahrungswelt des Individuums (Bateson, 1987) wird differenziert betrachtet und Systemereignisse werden gemeinsam mit den Klient*innen erkundet, antizipiert und trotz ihrer Komplexität vorhersagbarer gemacht (Becker, Küpper u. Ortmann, 1988).

Die Ikigai-Philosophie weist insofern Ähnlichkeiten mit systemischem Denken auf, als dass beide Ansätze anstreben, die Möglichkeiten und Handlungsspielräume zu erhöhen (von Foerster, 1995). Zudem fördert gemäß der Ohsaki-Studie Ikigai mentale Gesundheit (Sone et al., 2008), so wie dies auch aus Studien zu systemischer Therapie und Beratung bekannt ist (Mayer u. Oosthuizen, 2020b). Beide Konzepte stützen und ergänzen sich bezüglich der grundlegenden Werteannahmen. So zeigt eine Studie von Mayer und Oosthuizen (2020a), dass im systemischen Familientherapiekontext der Aufbau persönlicher Werte, wie Vertrauen, Ehrlichkeit und Ressourcenreichtum, aber auch die intellektuelle Entwicklung und das Entstehen neuer Beziehungen besonders relevant dafür sind, dass Menschen ausbalanciert und gestärkt ihr Leben gestalten können. Die Studie von Mayer, von der Ohe und Viviers (2017) legt dar, dass besonders das Kohärenzgefühl die persönliche Entwicklung im Familientherapiekontext stärken kann, da es auf Verstehen, Handhabbarkeit und Sinnhaftigkeit aufbaut und davon ausgegangen werden kann, dass eine ausgeprägte Sinnhaftigkeit zum ressourcenorientierten Leben beiträgt. Diese Werte passen zum Konzept von Ikigai, das Balance über unterschiedliche persönliche Werte hinweg fördert. Zudem zeigen sich Zirkularitäten im Ikigai-Konzept und der systemischen Sichtweise bei Handelnden, Handlungen und Narrationen (Selvini Palazzoli, Boscolo, Checcin u. Prata, 1981).

Schließlich lässt sich Ikigai in zwei Arten und Weisen unterscheiden: 生き甲斐対象, *ikigai taishō,* und 生き甲斐感, *ikigai kann* (Mathews, 1996, 2006):

Ikigai taishō besagt, dass Ikigai durch bestimmte Interessen, Aktivitäten und Lebensumstände gefördert werden kann, wie beispielsweise durch die Arbeit in Natur und Garten, das Zusammensein in der Familie und mit Kindern, die Beschäftigung mit Kunst und Malerei, das Erfühlen und Erleben von Erde, das Ausüben des Lieblingssports, das Musizieren und das Instrumentenspiel, die Musik, das Erleben von Partnerschaft und Vertrautheit und auf Reisen.

生き甲斐感 oder *ikigai kann* beschreibt Ikigai eher als ein Gefühl und einen Zustand von Lebensfreude. Ikigai wird im Zentrum zum »joie de vivre«, zum »raison d'être« und zu einer gesunden Lebensleidenschaft. Hier ist Ikigai eher ein innerer als ein äußerer Zustand und daher primär im Innenleben einer Person angesiedelt.

Ikigai kann sowohl als *ikigai taishō* und *ikigai kann* zum Tragen kommen und sich somit gleichermaßen im Äußeren wie im Inneren einer Person zeigen (Mathews, 1996; 2006). Beide können sich zu einem holistischen Ganzen verbinden und somit aus systemtheoretischer und systemischer Perspektive betrachtet werden. Denn auch im systemischen Denken wird angenommen, dass das System Mensch mit der Umwelt und den Menschen in der Umwelt verbunden ist und diese Verbindung zum *ikigai taishō* eines Menschen beitragen kann. Gleichzeitig ist die Beziehung zu anderen und zur Umwelt auch in den Gefühlen und Zuständen einer Person verankert und so mit dem *ikigai kann* verbunden.

Aus der Sicht systemischer Fragetechniken würden beide Richtungen von Ikigai in der systemischen Therapie und Beratung mit ressourcenorientierten Fragen erforscht werden, wie zum Beispiel mit offenen Fragen wie:
- Was hat bisher beim Auf- und Ausbau von *ikigai taishō* und *ikigai kann* geholfen? (ressourcenorientierte Fragen);
- Woran kann eine Person merken, dass sich ihr Ikigai verändert? (zielorientierte Fragen);
- Wie würde beispielsweise die Mutter erkennen, dass die Freundin des Sohnes zu einem positiven Aufbau von Familien-Ikigai beiträgt? (perspektivische/zirkuläre Fragen);
- Wenn sich Ihr Ikigai auf einer Skala von 0 (sehr schwach) bis 10 (sehr stark) gerade bei 7 befindet, was genau könnten Sie im Blick auf Ihre Passion tun, damit es sich um weitere zwei Punkte auf Ihrer Skala erhöht?

Systemische Fragen können beim ganzheitlichen Aufbau von Ikigai unterstützen und das Wachstum von Ikigai im Äußeren und im Inneren fördern. Zudem bieten sich systemische Interventionstechniken an, da sie oftmals ressourcenorientiert ausgerichtet sind, innere und äußere Zustände auf eine holistische Weise verbinden und zur Gesundheit auf ganzheitliche Weise beitragen wollen (Mayer u. Oosthuizen, 2020a; 2020b).

1.6 Reflexionsfragen

Die folgenden Fragen dienen der Reflexion des Ikigais, des systemischen Denkens und Handelns sowie der systemischen Therapie und Beratung:
- Wann, wo und wie erleben Sie Ikigai?
  - Was lieben Sie? (Leidenschaft)
  - Was braucht die Welt? (Mission)
  - Worin sind Sie gut? (Berufung)
  - Wofür werden Sie bezahlt? (Beruf)

- Was hat bisher geholfen, Ihr Ikigai zu stärken? Was tun Sie, um Ikigai zu schwächen?
- Auf einer Skala von 1 (kaum vorhanden) bis 10 (sehr stark vorhanden):
  - Wie stark ist Ihr Ikigai derzeit?
  - In welche Richtung und auf welchen Skalengrad sollte sich Ihr Ikigai optimalerweise verschieben?
  - Oder sollte es genauso stark ausgeprägt bleiben, wie es jetzt ist?
- Wie wirkt sich Ihr Ikigai auf Ihre Beziehung zu anderen, auf Ihre Therapien und Beratungen aus?
- Woran merken Sie, dass Sie das Ikigai in Ihrem Leben erreicht haben?
- Wie genau passt Ikigai mit den systemischen Ansätzen und Kernelementen zusammen?
- Wenn Sie auf Ihre Familie blicken:
  - Wie geht diese mit den Elementen von Ikigai um?
  - Haben Sie ein Familien-Ikigai und, wenn ja,
  - wie ist es ausgeprägt und
  - wo liegen seine Stärken,
  - wo seine Schwächen im System?
- Wenn Sie beispielsweise Ihre Mutter fragen würden, was Ihr Vater über Ikigai denken würde – was würde sie sagen?
- Welchen Unterschied macht es, ob es Ikigai in Ihrem Leben gibt oder nicht?

Abschließend reflektieren Sie, wie Ikigai in Ihrer systemischen Therapie und Beratung als Intervention Einzug halten könnte und welchen Unterschied dies für Sie oder Ihre Klient*innen machen würde.

2 SINNLOSIGKEIT UND FUSSBALL – ALBERT CAMUS GANZ PRAKTISCH

> »Leben heißt Handeln.«
> Albert Camus (vgl. Camus, 2013)

2.1 Einleitung: Albert Camus und seine Philosophie

Die Erfahrungen im Kontext der COVID-19-Pandemie und die Erkenntnis, dass es neuer Ansätze für den Umgang mit herausfordernden Lebenssituationen bedarf, ließ bestimmte philosophische Ansätze, Vorbilder bzw. Vordenker*innen des letzten Jahrhunderts mit ihren Schriften und Manuskripten in den Vordergrund rücken (Mayer, 2021c). Ihre Erkenntnisse können für die Auseinandersetzung mit Fragen bezüglich des Umgangs mit Unsicherheit, Einsamkeit, der Definition eines sinnvollen Lebens und kollektiven und transformativen Bewältigungsmöglichkeiten bedeutsame Impulse liefern (Wong, 2020a; 2020b; de Jong, Ziegler u. Schippers, 2020; Rodriguez-Rey, Garrido-Hernansaiz u. Collado, 2020).

Zahlreiche Forschungen unterstreichen, dass Sinnerleben Individuen in Bezug auf Bewältigungsstrategien, Resilienz und Transformation besonders nachhaltig unterstützt (Bland, 2020; Rettie u. Daniels, 2020). Gerade in Krisenzeiten erleben Menschen sogenannte dringende und eindrückliche Erfahrungen, die sich reflektierend und revitalisierend auf das eigene Leben auswirken können (Yalom, 1980), wenn sie proaktiv angegangen werden und Veränderungsbereitschaft vorhanden ist.

Existenzialistische Perspektiven betonen diesbezüglich vier dialektische Aspekte im Leben, die Aufmerksamkeit erfordern und auf die der Mensch notwendigerweise reagieren muss (Greening, 1992):
– Leben und Tod
– Gemeinschaft und Isolation
– Freiheit und Determinismus
– Sinn und Absurdität

Nach Greening (1992) schaffen und stärken Menschen ihre psychische Gesundheit, wenn sie in der Lage sind, auf alle diese vier existenzialistischen Aspekte mit Akzeptanz und Kreativität zu reagieren.

Dieses Kapitel konzentriert sich auf die existenzialistisch-philosophische Perspektive Albert Camus' (1913–1960), einem der berühmten Pioniere des französischen Existenzialismus. Es geht der Frage nach, wie Camus' Perspektiven für die systemische Therapie und Beratung fruchtbar gemacht werden können. Das Wissen dieses außergewöhnlichen Lebens und Menschens kann genutzt werden, um für Therapie und Beratung konstruktive Ansätze hinsichtlich des Umgangs mit den Dilemmata des Lebens (Mayer u. Fouché, 2021) zu entdecken. Dabei kann bei den Klient*innen die Fähigkeit gestützt werden, sich mit Leiden, Schmerz, Gedeihen und Selbstentfaltung auseinanderzusetzen, Absurdität und Tod als inspirierende Kräfte und Wendepunkte im Leben wahrzunehmen (Yalom, 1980). Darüber hinaus kann die Auseinandersetzung mit der Existenziellen Positiven Psychologie (Wong, 2011; 2020a; 2020b) genutzt werden, um das Führen eines sinnvollen bzw. sinnvolleren Lebens zu fördern (van Tongeren u. Showalter van Tongeren, 2020).

Albert Camus wurde am 7. November 1913 in Mondovi in Französisch-Algerien geboren, wo er die Lebensjahre seiner Kindheit und Jugend verbrachte (Aronson, 2022). Er trat als Schriftsteller, politischer Aktivist, Essayist und Redakteur sowie als Journalist und Dramatiker in Erscheinung (Aronson, 2022). Die Etikettierung als Philosoph und Existenzialist wies er meist zurück (Sharpe, 2015). Während seines kurzen Lebens – er wurde lediglich 46 Jahre alt – beschäftigte sich Camus mit Fragen von Leben und Tod, Absurdität und Sinn und vertiefte diese Themen in seinen Romanen, Essays sowie politischen als auch philosophischen Schriften. In seinen beruflichen und kreativen Äußerungen philosophierte Camus zudem über Fragen des Existenzialismus, Aspekte des menschlichen Schicksals sowie den Sinn des Lebens im Angesicht des Todes als auch des Freitods (Aronson, 2022).

Camus verbrachte seine ersten Lebensjahre in Algier und gehörte zu der zweiten Generation der französischen Einwander*innen in Algerien, das von 1830 bis 1962 französisches Territorium war. Demnach wurde er als »pied noir« bezeichnet, ein Slangwort für französische Einwander*innen in Französisch-Algerien (Cruickshank, 2023). Sein Aufwachsen in Armut und seine Erfahrungen als Kind von Immigrierten beeinflussten gleichermaßen sein Leben und sein Werk stark.

Er wuchs, gemeinsam mit seinem älteren Bruder, bei seiner Mutter auf. Sein Vater verstarb ein Jahr nach der Geburt von Albert Camus 1914 (Cruickshank, 2023). Mit ihnen lebten die Großmutter mütterlicherseits und sein gelähmter Onkel in einem sehr kleinen Zwei-Zimmer-Apartment. Mit elf Jahren erhielt er ein Stipendium zum Besuch eines Lyzeums, da er durch seinen Intellekt besonders auffiel. Mit 17 Jahren erkrankte er schwer an Tuberkulose und kämpfte von da an mit einem schlechten Gesundheitszustand. Er studierte Philosophie, wobei sein Denken besonders von Plotin, Nietzsche, Schopenhauer und christlichen Philosophen beeinflusst wurde (Luckner, 2020). In seinen dreißiger Jahren (1943–1953) schrieb Camus einige seiner bekanntesten Romane und Essays, wie »L'étranger« (Camus, 1942a), »Le Mythe de Sisyphe« (Camus, 1942b) und »La Peste« (Camus, 1947), die sich mit dem Absurden, der zwischenmenschlichen Verbindung und Bindung, dem Sinn und dem Tod befassten.

Camus bezeichnete das Leben als absurd, da der Mensch nach Sinn und Klarheit strebe, es diese jedoch per se nicht gebe, denn Sinn könne nur durch den Menschen selbst konstruiert werden (Zaretsky, 2013). Camus vertrat die Auffassung, dass dem Leben größere Bedeutung als dem Tod beizumessen sei, sich die Bedeutung des Lebens vor allem wegen seiner Endlichkeit ergebe (Popova, 2014) und die Menschen miteinander durch den unvermeidbaren Tod verbunden würden. Dennoch sollte der Tod keine höhere Bedeutung haben als das Leben selbst (Hendricks, 2023) – folgerichtig lehnte Camus Suizid als Ausweg aus der Sinnlosigkeit ab.

Ein bedeutungsloses und absurdes Leben sollte seitens der Menschen grundlegend akzeptiert werden. Das Leben sollte aus dem einfachen Grund des Lebens an sich gelebt und genossen werden – auch, wenn es an sich ohne Sinn und sinnlos ist (Camus, 1942b). Das Bewusstsein über den Tod jedoch stärkt laut Camus die Solidarität zwischen den Menschen. Veränderungen im Leben werden besonders durch Not und Katastrophen initiiert (Hogan, 2020); vor allem, wenn sich Menschen gegen die Bedrohung verbinden und gemeinsame Bewältigungsmechanismen entwickeln, um durch tiefe Akzeptanz Todesangst, Verzweiflung und Furcht zu überwinden (Camus, 1947). In Therapie und Beratung wird dann oftmals damit gearbeitet, wie mit Leiden, Not, Tod und Sinnlosigkeit umgegangen werden kann.

2.2 Camus' Beitrag zu Therapie und Beratung: Leben, Tod, Absurdität und Sinn

Das Leiden und den Schmerz, den Individuen im täglichen Leben erfahren und in beraterische und therapeutische Kontexte einbringen (Frankl, 1959), stehen im Zusammenhang einer größeren, globalen Sinngebung (Baumeister, 1991). Oftmals werden in Therapie und Beratung verzweifelte Stimmen laut, die nach Transformation von belastenden Ereignissen rufen (Park, 2010).

Gerade angesichts der COVID-19-Pandemie sehen sich Menschen ungewollt mit existenzialistischen Themen konfrontiert, da sie multiple Verluste verarbeiten müssen, wie zum Beispiel komplizierte und traumatische Todesfälle, Isolation und den Verlust physischer Kontakte, von Arbeitsplätzen, Lebensgrundlagen, Glaubens- und Lebensweltvorstellungen, finanzieller Sicherheit sowie den Verlust von Hoffnungen und Träumen (Walsh, 2020).

Aus Camus' Sicht ist das Leben an sich absurd und sinnlos (Solomon, 1993), was vielen Menschen als eine unbehagliche und herausfordernde Sicht auf das Leben erscheint (Hendricks, 2023). Absurd ist das Leben zudem, da das Universum ohne Sinn existiert, der Mensch jedoch immer der Frage nach dem Sinn des Lebens nachgeht, weil die Sinnlosigkeit des Lebens kaum aushaltbar erscheint (Hendricks, 2023): Ein Leben ohne Sinn erscheint schlicht nicht lebenswert. Zudem war Camus überzeugt, dass, auch wenn es dem Menschen gelänge, die Frage nach dem Sinn zu beantworten, er mit seiner Antwort nie zufrieden sein würde.

Wenn es überhaupt einen möglichen, selbst geschaffenen Sinn im Leben gibt, dann liegt dieser laut Camus im Wert des individuellen menschlichen Lebens und der Anteilnahme am politischen Handeln, welches die Politik beeinflussen sollte (Zaretsky, 2013). Sinnstiftend aus Camus' Sicht ist vor allem die Beobachtung des Selbst und der Welt, also die Fähigkeit, ein*e nachdenklichere*r Beobachter*in des eigenen Lebens zu werden und gegen die Ungerechtigkeit in der Welt zu kämpfen (Zaretsky, 2013). Sinnvoll macht das Leben nach Camus auch, zu erkennen, dass das Leben keinen kosmischen (göttlichen) Sinn hat (Kinnier, Kernes, Tribbensee u. Puymbroeck, 2003) und der Mensch entsprechend frei ist, den eigenen Sinn beliebig zu erschaffen (Camus,

1942b). Zur Sinnerschaffung braucht der Mensch Mut, denn er muss sich der Bedeutungslosigkeit stellen und Verantwortung für sich selbst übernehmen. Nach Camus führt jede Sinnzuschreibung durch die Philosophie, die Wissenschaft, die Gesellschaft oder die Religion stets zur Erkenntnis der Absurdität des Lebens (Hendricks, 2023) und deshalb braucht es Mut, dieser Absurdität zu begegnen.

Weiterhin ist es sinnstiftend, wenn der Mensch die »richtigen« Dinge im Leben tut und ethisch handelt, die Natur des Menschen erkennt, lebensfähig ist und das Leben als solches rechtfertigt (Sherman, 2009). Im Prinzip macht es das Leben letztlich sinnhaft und lebenswert, wenn der Mensch sich aus der Gedankenwelt, welche Camus als Gefängnis sieht, befreit, indem er Unwissenheit und Unbewusstheit überwindet (Camus, 1942a).

Sinn wird kreiert im Überwinden des eigenen, individuellen Leidens, Schmerzes und Leids im Kontext eines gleichgültigen Universums. Leiden und Schmerz bilden dabei eindrückliche Erfahrungen, die dabei helfen, über gewohnte Muster, Bewusstsein und Fürsorge zu reflektieren und sich selbst zu transformieren (Camus, 1942a). Dann wird die Schaffung neuen Sinns zu einer psychischen Ressource und Menschen mit einem hohen Maß an Sinnhaftigkeit werden als hoffnungsvoller, optimistischer und stressresistenter angesehen, während Menschen mit einem niedrigen Maß an Sinnhaftigkeit in der Regel von Identitätsverlust, Suizid, einem höheren Maß an Schmerz und Leid und verstärktem Stress und Leiden während der Pandemie bedroht sind (Ali u. Lalani, 2020).

Mayer (2021c) schlägt vor, Camus' Ideen und philosophische Ansätze als Beitrag zu Kreation von Sinn zu werten, denn obwohl Camus das Leben an sich als sinnlos definiert, rät er dazu, sich an den »kleinen Dingen« im Leben zu erfreuen (Hendricks, 2023). Nach Camus sollte das Leben trotz der Erfahrung der Sinnlosigkeit genossen werden, da die Tatsache, dass das Leben bedeutungslos ist, nur die Basis ist, auf der ein Leben basiert, eine bloße Tatsache, die erkannt und anzuerkennen ist, während man das Leben genießt. Camus betont entsprechend, wie wichtig es ist, den Schmerz der Erkenntnis der Bedeutungslosigkeit des Lebens zu akzeptieren und zu durchleiden; er sieht dies als bessere Option an, als ihm eine Bedeutung aufzuerlegen (Hendricks, 2023). Die Sinnlosigkeit und Absurdität im Leben sollten zudem die Freude am Leben nicht beeinträchtigen. Dies legt nahe, dass es effektiver ist, sich unmittelbar mit der Sinnlosigkeit auseinanderzusetzen, anstatt Situationen einen Sinn aufzudrängen und wiederholt den Rückschlag in die Erfahrung der inhärenten Sinnlosigkeit eines jeden Lebensereignisses zu erleben.

Durch Camus' Augen betrachtet, ist das Leben ein zufälliges, bedeutungsloses Ereignis, das multiple Diskurse zur Suche nach Sinn hervorruft – die verzweifelte Suche nach dem Verständnis der inhärenten Bedeutung der Bewältigung stets neuer Herausforderungen, der Krankheit, des Schmerzes, des Leidens und des allgegenwärtigen Todes. Basierend auf den multiplen Versuchen, Sinn zu schaffen, könnte Camus' Weltanschauung dazu auffordern, die Tatsache zu erkennen und zu akzeptieren, dass es keinen Sinn gibt und dass die Situation eine radikale Akzeptanz der allgemeinen Sinnlosigkeit erfordert. Dann kann das Leben trotz seiner Sinnlosigkeit genossen werden, indem eine Konzentration auf »die kleinen Dinge« erfolgt, die nach Camus' Ansicht im Erleben von Natur, Sport, Beziehungen und menschlicher Interaktion zu finden sind (Hendricks, 2023).

Die Person, die den Mangel an Bedeutung akzeptieren kann, ihn als gegeben nimmt und das Leiden und den Schmerz dieser Erkenntnis in eine positive Einstellung und Haltung umwandelt, ist nach Camus ein »absurder Held« (Hendricks, 2023), wie Sisyphus, der seinen Felsbrocken sein Leben lang mit Freude den Berg hinaufrollt (Camus, 1942b). Während mehrere existenzialistische Positive Psycholog*innen die Wichtigkeit der Schaffung eines sinnvollen Lebens betonen (Wong, 2011; 2020a; 2020b), schlägt Camus vor, eher die Sinnlosigkeit zu akzeptieren und sich des Lebens zu erfreuen. Es gilt, Bewusstsein zu entwickeln, das zur Erkenntnis über die Bedeutung des Moments des Lebens als solchen beiträgt (Camus, 1947) und somit einen Werte- und Prioritätsdiskurs unterstützt.

Dieser Diskurs ist bei Camus (1947) geprägt durch das wiederholte, sinnhafte Hinterfragen von Interessen der Eliten, von politischer Korruption, von ökologischer Kriegsführung und vom Schweigen der Oppositionen im Zentrum von Sinn und Sinnlosigkeit, die aus dem »individuellen Schlafwandeln« wachrütteln sollen. Sinn macht zudem, sich dem »Bösen« mit Integrität entgegenzustellen (Curtin, 2017) und ein Todesbewusstsein zu entwickeln, das in der Folge zu einem würdigen

Leben führt (Camus, 1942b). Nur eine radikale Akzeptanz von Tod und Absurdität ermöglicht ein Leben, das genossen werden kann und wert- und sinnvoll ist (Luckner, 2020). Glück und Freude jedoch beschreibt Camus als unabhängig von der Sinnlosigkeit des Lebens, sie können immer erlebt werden, da sie primär erlebbare Gefühle darstellen.

2.3 Albert Camus' Philosophie in systemischer Therapie und Beratung

In der systemischen Therapie und Beratung geht es um Konzepte, die dabei helfen, den Sinn und die Sinnhaftigkeit des Lebens und Handelns des oder der Einzelnen im Kontext des Systems und seiner Elemente zu erkennen. Camus' Ansätze passen in die systemische Therapie und Beratung – obwohl sie auf den ersten Blick eher existenziell als systemisch zu sein scheinen – insofern, als dass sie radikal, existenziell und humanistisch sind und Paradoxien aufzeigen, die oftmals in Systemen auftreten, jedoch schwer zu begreifen sind.

Wie vielen anderen Vertreter*innen systemischer Ansätze (Bateson, 1987; Maturana, 1998; de Shazer, 2004; von Glasersfeld, 1996; von Foerster et al., 1998) geht es auch Camus darum, Bewusstsein zu erweitern und philosophisch tiefgreifende Aspekte anzusprechen, damit individuelle und weltliche Herausforderungen erkannt und handhabbar werden. Auch für Camus sind Kindheitserfahrungen Muster, mit denen Menschen ein Leben lang umgehen müssen und die erkannt und durch Reflexionen zu Erkenntnis und zu konstruktiven Handlungsweisen leiten sollten. Muster entwickeln sich in systemischen Kontexten jedoch auf vielfältige Weise und verlangen daher kontextuale und systemorientierte Betrachtungsweisen, die die Konstrukte der Innenwelt und der Außenwelt eines Individuums mit einbeziehen und systemisch verstehen lernen. Nach Ciompi (1997) rücken in der systemischen Betrachtungsweise von Selbstorganisationstheorie und neuropsychologischen Forschungen die individuellen, psychischen Verarbeitungsprozesse stärker in das Blickfeld. Dabei geht der Konstruktivismus der Frage nach, wie menschliche Erkenntnis entsteht und wie Wirklichkeit soziokulturell und subjektiv (von Glasersfeld, 1996) im Inneren und Äußeren erzeugt wird. Wie auch von Foerster et al. (1998) in den systemischen Ansätzen geht Camus davon aus, dass Sinn und Realität konstruiert und geschaffen werden. So braucht es aus Sicht Camus' (1947) und von Foersters et al. (1998) immer die bewusste Entscheidung des Individuums, eine Realität auf Basis von Erfahrungen und Haltungen zu konstruieren.

Camus empfiehlt den Menschen generell, sich auf das Leben zu konzentrieren und ihm einen Sinn zuzuschreiben, statt auf den Tod; er sieht jedoch, dass die allgemeine Sinnlosigkeit im Leben erkannt, anerkannt und überwunden werden muss, indem das Leben genossen wird und dadurch lebenswert wird. Diese Einstellung ist verwandt mit systemischen Ansätzen, die ergründen, aus welchen systemischen Zusammenhängen Sinn und Sinnlosigkeit entstehen oder erschaffen werden (von Foerster et al., 1998). Auch in der systemischen Therapie und Beratung geht es darum, Muster und Zusammenhänge radikal anzuerkennen, Verantwortung für das eigene Handeln zu übernehmen, frei zu werden für das eigene Handeln und auch Gegebenheiten radikal anzuerkennen, anzunehmen und auf transformative Weise zu handhaben (de Shazer, 2004). Im systemischen Denken geht es zudem um Werte wie Gerechtigkeit (im Sinne von Balance und Ausgleich) und die Idee, systemische Zusammenhänge so zu kreieren, dass wichtige Einstellungen und Werte für das Individuum im System (er-)lebbar werden, wie bei Camus, zum Beispiel Leidenschaft, Moral und Lebensfreude. Zudem ist es bedeutsam, Herausforderungen im System zu sehen und zu transformieren im Sinne des eigenen Lebens und mit Blick auf bestimmte wichtige Werte im System.

Die Schriften von Camus weisen nach Mayer (2021c) darauf hin, dass er für Folgendes einsteht:

Kernelemente des Lebens	Erklärung des Konzepts
1. Tugenden	Für Camus sind Ethik, Moral und bestimmte Werte wie Gerechtigkeit, Leidenschaft, Ermächtigung und Solidarität grundlegend.
2. Sinn	Nach Camus beinhaltet das Leben keinen inhärenten Sinn. In Anlehnung an Frankl (1959) enthält für Wong (2020a; 2020b) das Leben einen inhärenten Sinn. Camus jedoch sieht den einzigen Lebenssinn darin, ein bedeutungsloses Leben in Bewusstsein und Bewusstheit zu genießen.

Kernelemente des Lebens	Erklärung des Konzepts
3. Resilienz	Für Camus bedeutet dies, individuell und kollektiv aktiv zu sein, Solidarität und Gerechtigkeit herzustellen.
4. Wohlbefinden	Camus bezieht sich besonders auf das Glück als einen wichtigen Aspekt des Wohlbefindens und im Hinblick auf die Transformation und Überwindung der Sinnlosigkeit und Absurdität des Lebens.

Diese vier Kernelemente eines bewussten und gesunden Lebens können auch in der systemischen Therapie und Beratung greifen, denn sie sind stark damit verbunden, ein radikales Bewusstsein zu schaffen und den Kern der menschlichen Existenz hervorzuheben, der durch Selbstreflexion, Beobachtung, politisches Handeln und ausgewählte gesellschaftliche Werte (Camus, 1947), für die es sich zu leben und kämpfen lohnt, entsteht. Im Kontext systemischer Therapie und Beratung bedarf es ebenfalls Mut, um das Absurde im System zu erkennen und eigenverantwortlich Sinn zu schaffen, nicht zuletzt durch die Verstörung eingefahrener Sinnmuster und die Konstruktion neuer (Bandler u. Grinder, 1995, 1997). Am Ende von Camus' Einsichten steht dann die »rebellische Individuation«, der Ausbruch aus dem Gefängnis der Welt und des eigenen Denkmusters. Dies wird auch in der Therapie und Beratung gestärkt, um das freiheitliche Element zu unterstützen, das Klient*innen für ein freiheitliches Leben motiviert.

2.4 Ein Anwendungsbeispiel

2.4.1 Erstkontakt

Frau B. ist zu Beginn der therapeutischen Sitzungen 23 Jahre alt und sucht sich aus eigenem Antrieb einen systemisch orientierten therapeutischen Kontext in ihrer Universitätsstadt aus. Sie habe sich an der psychologischen Beratungsstelle der Universität angemeldet, jedoch bisher keinen Therapieplatz erhalten. Daher habe sie nun privat gesucht. Wichtig sei ihr, dass sie mit der Therapeutin einen guten Kontakt habe und dass sie sich in den Sitzungen wohlfühlen und Vertrauen empfinden könne. Therapeutin und Klientin verabreden gegenseitige Offenheit für den Fall, dass sich eine Person nicht wohlfühlt in dem Therapieprozess, und beide verabreden, die Therapie gemeinsam zu beginnen.

2.4.2 Die Sitzungen

Sitzung 1

Frau B. hat bereits langjährige Therapieerfahrung. Sie hatte während der Pubertät über einige Jahre eine Anorexia nervosa und war im Zuge dieser Symptomatik einige Monate in stationärer Behandlung, da sie, wie sie selbst sagt, »fast verhungert« wäre. Anschließend zog sie aus dem Elternhaus aus und wohnte in einer betreuten Wohngruppe. Dort hatte sie eine Sozialpädagogin als Ansprechpartnerin, die sie einerseits als »Therapeutin«, andererseits auch als »enge Vertraute« bezeichnet. Zu dieser Person hat sie heute noch sporadisch Kontakt.

Sitzung 2

Der Problemkontext in den Sitzungen dreht sich anfangs vor allem um ihre gescheiterte Beziehung zu ihrem Freund. Frau B. beschreibt, dass ihr Freund sich acht Wochen zuvor nach anderthalb Jahren von ihr getrennt habe. Seitdem sei sie sehr verzweifelt und depressiv und leide an Lebensunlust und starken Selbstzweifeln. Ihr Freundeskreis sei mit dem Beziehungsende auch großenteils weggebrochen und sie fühle sich extrem einsam und habe Angst, dass sie in einer eventuell folgenden Beziehung die gleichen Fehler machen würde wie in dieser Beziehung.

Zudem habe sie ein sehr schlechtes Verhältnis zu ihrer Herkunftsfamilie, vor allem zu ihren Eltern. Darüber wolle sie jedoch nicht sprechen, auch nicht über ihre Vergangenheit, nicht über ihre Kindheit und ihre Jugend. Für sie gehe es lediglich um die Gestaltung ihres derzeitigen Lebens und um die Transformation der Trauer in Glück und Zufriedenheit und eine Art Geborgenheit, ein Gefühl des Aufgehobenseins. Frau B. möchte »stabil« werden und möchte sich in der Therapie angenommen fühlen, um das Gefühl der Isolation überwinden zu können. Camus spricht in seinen Schriften davon, dass jeder Mensch Isolation empfindet, wenn er Getrenntsein und Verlust erlebt. Der Verlust des Freundes ist für Frau B. ein wichtiges Ereignis und repräsentiert den »Verlust der Sinnhaftigkeit und vielleicht sogar den Verlust des eigenen Lebens, zumindest aber den Verlust des Lebenswerts«. Therapeutin und Klientin sprechen über Leben und Tod, Suizid, über die Absurditäten des Lebens und seinen tieferen Sinn.

Frau B. erklärt ihre gescheiterte Beziehung mit ihrer als schwierig erlebten Kindheit und Jugend bei ihrer Herkunftsfamilie. Sie ist überzeugt, dass die Werte und Verhaltensweisen, die sie durch ihre Sozialisation in sich trage, zur Zerstörung ihrer Beziehung zu ihrem Freund beigetragen hätten. Insgesamt schreibt sie ihrer Herkunftsfamilie die Schuld an ihrem unglücklichen und oftmals als »sinnlos« erlebten Leben zu. Frau B. weiß, dass sie sich mit ihrer Herkunftsfamilie und der Vergangenheit auseinandersetzen müsste, möchte jedoch davon Abstand nehmen und ist derzeit nicht bereit dazu, das Kapitel direkt wieder aufzuschlagen. Daher schauen Therapeutin und Klientin auf die derzeitige Situation.

Ziel der Therapie ist nach Angaben von Frau B., dass sie sich selbst besser erkennen möchte, um vorbeugend in einer folgenden Beziehung nicht die gleichen Fehler zu machen, wie sie es in der gerade »gescheiterten« Beziehung getan habe. Weitere Ziele sind das Aufarbeiten von negativen Gefühlen und Selbstzweifeln, die Stärkung des Selbst und der positive Blick nach vorn. Diese Ziele habe sie sich selbst gesteckt, da sie oftmals an Sinnlosigkeitsgefühlen und Depressionen leide und sich isoliert fühle.

Therapeutin und Klientin verbleiben so, dass sie sich in der ersten Zeit ihrer Beratung einmal pro Woche sehen und 60 Minuten über die aktuellen Anliegen von Frau B. sprechen. Vergangenes soll vorrangig nicht Thema der Sitzungen sein. Wenn sich Frau B. stabiler fühlt und es ihr besser geht, sollen die Abstände der Sitzungen vergrößert werden.

Die folgenden Hypothesen bildet die Therapeutin zu Beginn des Therapieverlaufs:

Frau B. hat die Beziehung zu ihren Eltern und ihren Geschwistern bisher nicht aufgearbeitet, trägt eine große Trauer über diese nicht ideal gestaltete Beziehung in sich und wünscht sich im Grunde sowohl Unterstützung und Geborgenheit als auch eine Rückzugsmöglichkeit in den Schoß der Familie. Sie hat große Angst vor der Auseinandersetzung mit den unterschiedlichen Themen in Bezug auf die Herkunftsfamilie. Sie leidet zudem an großen Selbstzweifeln und einem schwachen Selbstwertgefühl und an sehr starken Sinnlosigkeitsgefühlen.

Frau B. hat ihre Identität seit dem Auszug von zu Hause in starker Abgrenzung aufgebaut. Die Auseinandersetzung mit der Herkunftsfamilie und die mögliche Integration von Aspekten aus ihrem »früheren Leben« lassen Frau B. befürchten, dass sie einen Teil ihrer in Abgrenzung erworbenen Identität aufgeben und einen Identitätsverlust erleiden könnte. Nur durch die Annahme ihrer Herkunft jedoch kann Frau B. auch sich selbst annehmen und freier in der Gestaltung ihrer Beziehungen werden. Diese Freiheit könnte dann wiederum auf die Beziehung zu ihrer Herkunftsfamilie und einen unbeschwerten Umgang mit dieser rückwirken.

Frau B. übernimmt Themen von Leben und Tod, die auf Verstrickungen ihrerseits im Familiensystem hinweisen (Suizid der Tante, gleiche Geburtstage, Magersucht und der tiefe Wunsch, aus dem eigenen Leben auszutreten, da die Sinnlosigkeit manchmal sehr groß wird).

Zu Beginn der Sitzungen erstellen Therapeutin und Klientin ein Genogramm, um den derzeitigen Kontext von Sinnlosigkeit zuzuordnen. Viele Themen der Familie werden so bereits identifiziert. Frau B. geht es emotional sehr schlecht, auch in dieser zweiten Sitzung weint sie sehr viel und ist sehr wütend, wenn sie über ihre jetzige Situation und in diesem Zusammenhang über ihre Eltern spricht.

Überwiegend stellt sie die Beziehung zu ihren Geschwistern in den Vordergrund sowie die Beziehung zu ihrem Ex-Freund. Unter der Trennung leidet Frau B. weiterhin stark. Ihr Alltag ist durch die Trauer um den Verlust des Freundes sehr stark beeinträchtigt. Ebenso ist es für sie schwierig, ihr Studium ungestört weiterzuführen, da ihr Ex-Freund zum Teil die gleichen Fächer studiert. Sie hat Suizidgedanken und erwähnt, dass sie ihrem Leben ein Ende setzen möchte. Therapeutin und Klientin vereinbaren in einem Kontrakt den Umgang mit den Suizidgedanken und besprechen, wie sich dieser Suizid in ihrem Familiensystem und Lebenskontext auswirken würde.

Sitzung 3

In dieser Sitzung stellen Therapeutin und Klientin das Innere Team zum Thema »Ex-Freund« auf. Es zeigen sich einzelne Stimmen, die zur Sprache kommen:

- Die Schuldige: Du bist schuld, du hast die Beziehung verpatzt!
- Die Vernunft: Es gibt an ihm was, was du nicht gemocht hast!
- Das Herz: Sei dankbar für das Geschenk der Beziehung, das du erleben durftest!
- Die Familienstimme: Du bist es nicht wert!
- Die Beschützerin: Die Familie wird zu stark. Hau ab!
- Das Dunkle: Bring dich um, du bist das Leben nicht wert!
- Das Ich: Du beschützt mich nicht genug! Tu etwas, damit es mir gut geht!

Therapeutin und Klientin besprechen in der Sitzung die einzelnen Stimmen und ihre Gewichtungen, ihre Herkunft und die mit den Stimmen verbundenen Gefühle und Emotionen. Sie besprechen, welche Stimme in Zukunft mehr Gewicht bekommen soll, welche kleiner werden soll und welche guttut. Sie betrachten, welche Stimme Frau B. mit welcher Person aus ihrer Herkunftsfamilie und ihrem Freundeskreis verbindet, welche Stimmen dazu beitragen, in ihrem Leben Sinn zu konstruieren bzw. zu dekonstruieren.

Aufgabe zur nächsten Sitzung ist, die Stimmen in ihrer Interaktion zu beobachten, die sich in Frau B. Gehör verschaffen, und eine dissoziative Position zu den Stimmen einzunehmen, wenn sie zu negativ werden – vor allem die Schuld und das Dunkle sollen aus einer externen Perspektive betrachtet werden.

Sitzung 4

Thema in dieser Sitzung ist erneut die Trauer über den Verlust des Freundes, der die Therapeutin mit Verschlimmerungsfragen begegne. Frau B. ist davon irritiert und wird etwas ärgerlich.

Therapeutin und Klientin erstellen ein weiteres Genogramm. Als Thema ergibt sich – obwohl Therapeutin und Klientin über das Hier und Jetzt sprechen wollen – der Übergang von Frau B. aus ihrer Herkunftsfamilie in ihr eigenes, selbstständiges Leben während ihres 16. Lebensjahres. Sie betrachten die Themen des Familiensystems, die Schuldfragen und vor allem die aktuelle Beziehung zu Frau B.s Mutter. Ein weiteres Thema ist die Paarbeziehung der Eltern, von der Frau B. meint, dass sie diese Beziehung und die in der Elternbeziehung erlebten Abwertungen auf ihre eigenen Beziehungen übertrage. In der

Therapie betrachten sie genauer diese Dynamik zwischen den Paaren, die Parallelen und die Unterschiede und stoßen am Ende auf die Frage, was Frau B. davon beibehalten, was sie davon abgeben und was sie in ihren eigenen Beziehungen einfach anders gestalten wolle. Frau B. wird langsam, aber sicher zur Konstrukteurin ihres eigenen Lebens.

Sitzung 5
Diese Sitzung konzentriert sich auf das Thema der Partnerwahl. Es wird eine Vision des idealen Partners von Frau B. erstellt. Sie fühle sich zwar noch nicht in der Lage, eine neue Beziehung einzugehen, doch ist es für sie wichtig, positive Aspekte der alten Beziehung festzuhalten und diese auch im Blick auf die Wahl des neuen Partners zu berücksichtigen.

Hierbei werden bestimmte Werte- und Verhaltensaspekte berührt: Respekt, den sich Frau B. von ihrem Partner wünscht, bestimmte Formen der Unterstützung, die Vorstellung, wie sie sich mit ihrem Partner in der Öffentlichkeit zeigen möchte, und vor allem der Aspekt, dass sie sich selbst ihrem Partner gewachsen fühlen muss und keinen Partner wählt, der ihr nicht guttut. Sie beginnt, sich dem Gedanken zuzuwenden, irgendwann einmal das Leben zu genießen.

Sitzung 6
Die Fortschritte der vergangenen Sitzung führen zu einem großen Rückschritt in der folgenden Sitzung.

Frau B. erklärt zu Beginn der Sitzung, sie sei in ein »emotionales Loch« gefallen. Sie habe keine Kraft mehr für ihr Leben, für ihr Studium und für die ständige Auseinandersetzung mit sich selbst, ihrer Trauer und den negativen Emotionen und Selbstzweifeln.

Es erfolgt eine Auseinandersetzung mit den einzelnen Aspekten der Trauer:
- Trauer über den Verlust der Person
- Trauer über die eigene Person
- Trauer über den Verlust von Geborgenheit etc.

Als wichtiges Thema dieser Sitzung ergibt sich der Fokus, dass das Leben aus Leiden und Schmerz bestehen kann und dass diese eventuell in größere Sinnzusammenhänge eingebettet sind, die nicht unmittelbar zu erkennen sind. Frau B. ist ärgerlich über die Erkenntnis der Sinnlosigkeit im Leben und darüber, dass sie für ihren eigenen Lebenssinn »immer wieder arbeiten und kämpfen« muss. Es ergibt sich ein Gespräch über Camus (1942b) und das Buch »Le Mythe de Sisyphe«. Die Therapeutin schlägt vor, dass sich Frau B. mit dem Buch und der Auffassung Camus' vertraut macht.

Sitzung 7

Es geht in fast jeder Sitzung darum, dass Frau B. die Trauer loswerden möchte und dass ihre Freunde sie ständig auffordern, sie solle endlich die Trauer überwinden. Es wird vereinbart, dass es völlig in Ordnung ist, die Trauer beizubehalten bis zu dem Zeitpunkt, an dem sie die Trauer entlassen möchte. Die Therapeutin schlägt vor, die Trauer als Freundin zu sehen und als Weg aus der Isolation. Frau B. meint, sie sei sich nicht sicher, wie das aussehen solle. Daher verbleiben Therapeutin und Klientin mit der Vereinbarung, die Trauer in jedem Fall immer gut einzupacken und sie so lange mitzubringen und bei sich zu tragen, bis sie keine Lust mehr dazu habe. Ziel ist, dass Frau B. ihre eigenen Anteile an ihren Gefühlszuständen erkennt und im Sinne Camus' erkennt, dass Glücklichsein und Sinnhaftigkeit genauso wenig miteinander einhergehen wie Trauer und Sinnlosigkeit. Die Annahme der negativen Gefühle steht im Vordergrund, um diese letztendlich transformieren zu können.

Sitzung 8

Frau B. erscheint zum ersten Mal weniger traurig zur Sitzung. Sie habe nun das Bild, wie ihr neuer Partner sein solle: stark, erwachsen und vertrauensvoll und in jedem Fall in Verbundenheit mit Kirche und Religion.

An ihrer Trauer, so meint Frau B., möchte sie noch etwas festhalten, um ihren Ex-Freund nicht zu vergessen und das Positive in guter Erinnerung zu behalten. Therapeutin und Klientin vereinbaren, dass Frau B., die oft die positiven Sätze ihres Freundes in schwierigen Situationen vermisst, sich die Sätze aufschreibt und zu sich selbst sagt. Die Therapeutin schlägt die Sichtweise vor, dass all ihre Vorgehensweisen sicherlich Sinn haben und es manchmal gut ist, zur »Beobachterin des eigenen Lebens« zu werden und zu erkennen, wo es Mut braucht, um Sinn zu schaffen und mit der Sinnlosigkeit und den Absurditäten im Leben zu leben.

Sitzung 9
Diese Themen bringen Therapeutin und Klientin in dieser Sitzung zum Fokus auf Kontrolle, Leistung und Perfektion. Die Sitzung ist für Frau B. sehr erkenntnisreich, da sie feststellt, dass es sehr viele Beamte in ihrer Familie gibt und Themen von Kontrolle und Sicherheit herausstechen. Nun kann in der Therapie geschaut werden, wie sie sich in diesem Wertesystem zurechtfindet.

Die Therapie führt über diese Themen zur Magersucht, die Frau B. glücklicherweise überwunden hat, und zur Erkenntnis, die Magersucht in ihrer Kontrollfunktion und in den Auswirkungen auf die Familie zu erfassen: Magersucht als Ausdruck der Kontrolle Frau B.s gegenüber der Mutter und dem weiteren Familiensystem. Es stellt sich heraus, dass das Symptom der Magersucht von Frau B. im familiären Kontext nicht aufgearbeitet wurde. In der nächsten Stunde möchte Frau B. das Thema weiter vertiefen, da sie den Eindruck gewonnen hat, dass sie zum ersten Mal die Sinnhaftigkeit der Krankheit im Kontext der Familie erkennt. Die Themen »Leben und Tod« sind berührt und es wird deutlich, dass Frau B. sich eindeutig für das Leben entschieden hat, als sie im Anschluss an ihren Krankenhausaufenthalt wieder zu essen begonnen hat. Die Auseinandersetzung mit Leben und Tod ist in Frau B.s Familie vor allem ein Thema der Frauen mütterlicherseits: Dort zeigen sich ein Suizid der Tante von Frau B. und Fehlgeburten der Mutter. Der Tod ist präsent in der Familie. Frau B. ist am Ende der Sitzung völlig erschüttert angesichts dieser Zusammenhänge und der generationsübergreifenden Überschneidungen auf thematischer Ebene.

Sitzung 10
Der Ex-Freund tritt als Thema in den Sitzungen in den Hintergrund. Die Themen richten sich nun vielmehr auf die Familie der Eltern und ihre Eltern selbst – obwohl Frau B. sich nach eigenen Angaben gar nicht damit auseinandersetzen wollte – als auch auf sie selbst als Person. Sie erkennt, dass ihr Todeswunsch sie nicht von ihrer Herkunftsfamilie isoliert, sondern sie vielmehr zu einem Teil der Familie macht und sie durch diese Erkenntnis Solidarität erfährt.

Frau B. deutet plötzlich ihren frühen Auszug aus dem Elternhaus als positiv, sie wird sich ihrer Selbstständigkeit, ihrer Erfahrungen und ihrer Energien bewusst. Weiterhin ist sie auf der Suche nach einem Ort der Ruhe, der Geborgenheit, des Lebenssinns. Sie erfreut sich plötzlich an den »kleinen Dingen« des Lebens, die sie täglich erlebt. Sie braucht Zeit, um sich selbst zu finden, die Eltern akzeptieren zu lernen und diese an ihrem Leben wieder teilnehmen zu lassen und auch sie erneut in das eigene Leben zu integrieren. Einerseits formuliert Frau B. diese starken Wünsche, andererseits möchte sie diese weiterhin von sich weisen. Deutlich wird die Fokusverschiebung von Frau B. hin zu den Möglichkeiten der Annahme und der Akzeptanz, die ein halbes Jahr zuvor noch sehr unwahrscheinlich gewesen wären.

Therapeutin und Klientin blicken zurück zur Magersucht, die aus Sicht Frau B.s zum Ziel hatte:
- der Öffentlichkeit die schlechte Seite der Familie zu zeigen,
- Aufmerksamkeit zu erhalten,
- Abgrenzung zu den Eltern aufzubauen,
- vor den hohen Ansprüchen der Mutter zu fliehen.

Frau B. erkennt, dass sie von ihren Eltern Wertschätzung erfahren hat, zugleich aber auch ihre Wut und ihre Enttäuschung zum Ausdruck bringen möchte und sich wünscht, dass die Eltern sich bei ihr für ihr Verhalten entschuldigen und ihr gegenüber äußern, dass das Geschehene ihnen leidtue, dass sie Mitgefühl und keine Trotzreaktionen zeigen. Innerlich bereitet sie sich auf ein Gespräch mit den Eltern vor, das sie eventuell Ende des Jahres oder auch im folgenden Jahr führen möchte. Ihre negativen Erfahrungen möchte Frau B. ihren Eltern auf eine Art und Weise mitteilen, die sie auch annehmen können.

Ihre Aufgabe zur nächsten Stunde ist, die Gedanken aufzuschreiben, die sie ihren Eltern mitteilen möchte, und hervorzuheben, wie es Solidaritäten geben könnte.

Sitzung 11
Der Ex-Freund nimmt wieder mehr Gedanken und Raum in Frau B.s Leben ein. Sie leidet sehr darunter. Die folgenden Fragen werden in diesem Zusammenhang gestellt:

- Wem ginge es wie, wenn Sie nicht mehr leiden würden?
- Wer würde sich am meisten freuen, wenn Sie glücklich wären, wer am wenigsten? (Die Mutter wäre am unglücklichsten, wenn es Frau B. gut ginge.)

Frau B. äußert, sie habe ihrer Herkunftsfamilie nie mitgeteilt, dass sie einen Freund habe, da sie davor Angst habe, dass die Eltern über ihren Freund herziehen, sie die Beziehung zerstören, ihm gegenüber ihre Schwächen betonen oder gar Macht über sie und ihren Freund gewinnen würden. Die Frage, ob ihre Eltern dann sehen würden, dass sie auch ohne sie glücklich sein könnte, bejaht Frau B. und ihr wird deutlich, dass sie die Solidarität zu ihrer Mutter und ihrem Vater zum Ausdruck bringt, indem es so aussieht, dass sie das »Unglück für sich gepachtet« hätte.

Auf die Frage, wer eine ähnliche »Magie der Macht« in der Familie kenne, verweist Frau B. auf die Mutter. Diese habe ihr Eigenes auch immer vor anderen geschützt und es nicht preisgeben wollen, da sie Ängste gehabt hätte, dass es »entweiht« worden wäre.

Die Wahrnehmungen von außen spielen für ihre Mutter und sie selbst eine große Rolle: Wenn das Positive gezeigt würde, dann wäre man nicht davor bewahrt, dass das Negative von anderen betont würde. So wird bevorzugt das Negative hervorgehoben, damit andere dies nicht vor einem tun würden.

Die Therapeutin spiegelt Frau B., dass sie es sich eventuell nicht gut gehen lassen könnte, weil sie dann die Solidarität zu ihren Eltern ein Stück weit aufgeben würde und weil sie eventuell befürchten würde, dass die Eltern dann ihre Selbstständigkeit anerkennen müssten und erkennen müssten, dass auch ohne sie Frau B.s Leben positiv weitergehen könne. Dies löst in Frau B. extreme Trauer aus, sie beginnt zu weinen und sagt schluchzend, sie sei so wütend und traurig, dass die Eltern sich »so zur Hintertür« in sie und ihre Beziehungen schleichen würden. Sie habe »also doch Schuld, dass die Beziehung kaputtgegangen« sei, da sie das nicht früh genug erkannt habe.

Den Rest der Therapiesitzung arbeiten Therapeutin und Klientin körpertherapeutisch, um die Wut und die Trauer in den Boden abfließen zu lassen und eine Stabilität mit beiden Füßen auf dem Boden wiederherzustellen.

Frau B. erhält die Aufgabe, darüber nachzudenken, wie und wo sie ihren Eltern einen angemessenen Raum geben könnte, dass sie sich nicht »durch die Hintertür« anmeldeten, sondern einen guten angemessenen Platz bekämen.

Sitzung 12

Frau B. kommt sehr gelöst in die Sitzung und sagt, die letzte Sitzung habe sehr viel in ihr ausgelöst. Sie sei in der Kirche gewesen danach und ihr sei aufgefallen, dass die Therapeutin recht habe und ihre Eltern ihre Akzeptanz und Annahme bräuchten und dass sie nun auch den Gedanken zulassen könne, dass sie ihre Solidarität ihren Eltern gegenüber dadurch aufrechterhalten habe, dass sie deren Werten und Verhaltensweisen in ihr Platz eingeräumt habe. Sie sei jedoch noch dabei zu überlegen, wie und wo der geeignete Platz sei.

Dies betrifft noch einmal die Erlaubnis für Glücklichsein und Lebensglück und Frau B. beschreibt ihre Erleichterung und dass sie sich jetzt einfach leichter erlauben könne, glücklich zu sein. Sie befindet sich auf der Lösungsseite und sagt: »Ich will glücklich sein und habe mich in der letzten Woche dafür entschieden.« Frau B. erkennt, wie sie mithilfe ihrer Einstellungen Lebenssinn und Lebensglück selbst sinnvoll gestalten kann.

Die Eltern und ihre Geschwister seien nun wieder mehr in ihren Gedanken und sie habe bereits auch mit anderen über ihre Eltern gesprochen – das habe sie noch nie getan, seitdem sie in G. ihr Studium angefangen habe. Sie wolle jedoch derzeit gar keinen Kontakt zu ihren Eltern, da sie ihr innerlich derzeit sehr nahe seien und sie zunächst eine neue Orientierung und Ordnung in sich aufbauen wolle, bis sie präpariert sei, ihre Eltern in direktem Kontakt zu erleben. Sie habe ihren Eltern zudem in ihrem Kopf alles gesagt, was ihr auf der Seele gelegen habe. Das sei auch erleichternd gewesen. Außerdem empfinde sie ihrer Mutter gegenüber aktuell noch starke Wutgefühle, da diese ihr indirekt immer gesagt habe: »Sei unglücklich, so wie ich auch.«

Im Sinne Camus' hat hier ein »Wachrütteln aus dem individuellen Schlafwandeln durch Erkenntnis« stattgefunden.

Am Ende der Sitzung fragt die Therapeutin Frau B., was sie denn tun würde, wenn das Unglück mal wieder eines Morgens bei ihr an die Tür klopfe? Wie sie sich entscheiden wolle: ob sie das Unglück hereinbeten und ihm einen Kaffee offerieren wolle oder ob sie lieber die Tür schließen wolle, das Unglück auf ein nächstes Mal vertrösten oder ihm sagen würde, es solle sich andere Freunde suchen? Ob sie sich dann lieber umdrehen wolle und bereits das Glück an ihr Fenster klopfen sehe? Ob sie sich schon ausdenken könnte, wie sie das Glück in ihr Haus einladen könne, anstatt es am Fenster klopfen zu lassen, wo es sie vielleicht erschrecken könne?

Therapeutin und Klientin verbleiben in der Metapher, in diesem Bild und in der indirekten Betonung, dass Frau B. stets die Entscheidung habe, die Tür zu öffnen oder geschlossen zu halten, wenn die eine oder andere Emotion vor der Tür stehe.

Der Auszug aus den ersten Sitzungen mit Frau B. zeigt, wie sich die Situation der Klientin von einer als unkontrollierbar erlebten hin zu einer sinnhaften Erfahrung entwickelt und wie die Klientin das eigene Handeln radikal erkennt und ihm Sinnzusammenhänge zuschreibt. Nach Camus werden auf diese Weise Tugenden konstruiert, wie Solidarität, Gerechtigkeit und Ethik, ebenso Sinn, Resilienz und Wohlbefinden. Dies geschieht durch Selbstreflexion, Beobachtung, Mut und die Störung der eigenen Sinnmuster. An dieser Stelle der Therapie zeigt sich die »rebellische Individuation«, die den Ausbruch aus dem Gedankengefängnis repräsentiert und einen Schritt zur individuellen Freiheit der Klientin bedeutet.

Die genutzten Interventionen beinhalteten die Arbeit mit dem Genogramm, dem Familienbrett, dem Ressourcenrucksack, die Technik des Inneren Teams und der inneren Familie, zirkuläre Fragen, das Pendeln zwischen Lösungsorientierung und Problemorientierung mit langfristiger Ausrichtung auf Lösungsorientierung sowie zahlreiche systemische Gesprächstechniken, wie Hypothesenbildung, als auch die Hausaufgabenerteilung und die Arbeit mit Elementen aus der Aufstellungsarbeit.

2.5 Best Practices mit Albert Camus

Albert Camus' Ideen und philosophische Ausführungen im Blick auf das Leben und systemische Therapie und Beratung sind immer wieder darauf ausgerichtet, Sinn zu schaffen (Camus, 1942a; 1942b), etwa durch:
- das erweiterte Bewusstsein über die Endlichkeit des Lebens;
- die menschliche Solidarität, die durch die Endlichkeit wahrgenommen und konstruiert wird bzw. entsteht;
- die radikale und tiefe Akzeptanz von Sinn- und Bedeutungslosigkeit des Lebens als solchem;
- das Bewusstsein und Verstehen der Absurdität, dass der Mensch nach Sinn strebt – obwohl das Universum sinnentleert existiert.

Camus bietet unterschiedliche Interventionen an, die dazu führen können, den Sinn im Leben und die Herausforderungen als sinnentleert zu akzeptieren und zugleich Sinn zu schaffen. Im Mittelpunkt stehen als Intervention die Selbstreflexion und das Ergründen des eigenen Denkens. Zudem fordert das Leben politisches Engagement und Handlung im Sinne der Gemeinschaft und im Interesse des Wohlergehens der Menschheit. Für Camus ist dabei wichtig, Ungerechtigkeit zu bekämpfen, ethisches Handeln zu fördern und somit das Richtige zu tun. Durch die Selbstreflexion des Denkens und Handelns wird es zudem ermöglicht, aus dem eigenen Gedankengefängnis auszubrechen und neue Wege und Denkmuster zu erkunden. Dies wird auch in systemischer Therapie und Beratung gefördert: Ziel systemischen Denkens ist das Erschließen neuer Wege, das Einnehmen neuer Perspektiven und das gedankliche Beschreiten neuer Pfade. Wenn Menschen sich darauf einlassen, befreien sie sich auf diese Weise von Unwissenheit und Unbewusstheit und tragen zu einem tiefen Verständnis, einer tieferen Erkenntnis bei. Um aus der Unbewusstheit aufzuwachen, bedarf es »dringender Erfahrungen« (Yalom, 1980), die dann in systemischer Therapie und Beratung aufgearbeitet werden können, indem an der Akzeptanz von Leid und Schmerz gearbeitet wird bis hin zur radikalen und bedingungslosen Akzeptanz des jeweiligen Seinszustands. Ziel ist es, das Leben zu genießen, sich an kleinen Dingen zu erfreuen, Freude zu empfinden über das Leben als solches,

Sport zu treiben, Natur zu erleben, soziale Interaktionen zu genießen und Beziehungen aufzubauen. Es geht darum, im »Hier und Jetzt« zu leben, Momente des Glücks bewusst wahrzunehmen und Glück und Freude als unabhängig vom Lebenssinn zu erkennen. Schließlich kann das Erkennen der Absurdität im Leben dazu beitragen, Werte neu zu definieren, Prioritäten zu setzen und auf Ressourcen und inneres Wachstum zu achten. Camus (1942a; 1942b) betont die Bedeutung des bewussten inneren Wachstums, das er jedoch auch im Abgleich mit der äußeren, politischen Welt betrachtet: Eliten, Korruption und Opposition sind in diesem Zusammenhang kritisch zu hinterfragen.

Die im systemischen Denken so wichtige Lösungsfokussierung (de Shazer, 2004) ist in Camus' Werk als Lösung impliziert, die Leidensakzeptanz und radikale Selbstverantwortung betont (Camus, 1942a; 1942b). Selbstverantwortung steht nach Camus zudem im Zusammenhang mit der Beobachtung, die zu einem radikalen Bewusstwerden beiträgt. Beobachtung stellt einen wichtigen Teil von Camus' Philosophie und gleichzeitig einen Kern systemischer Theorien um Maturana (1998) dar. Camus' Philosophie und deren Einbindung in die systemische Therapie und Beratung können schließlich dabei helfen, neue Sichtweisen auf das Leben und den Lebenssinn zu konstruieren und diese unter systemischen Gesichtspunkten theoretisch und in praktischen Interventionen der systemischen Therapie und Beratung weiterzuentwickeln.

2.6 Reflexionsfragen

Die folgenden Fragen können im Kontext von Albert Camus' Philosophie und systemischem Denken und Handeln in systemischer Therapie und Beratung reflektiert werden:
- Wie bewerten Sie Albert Camus' Philosophie?
- Welche Sinnhaftigkeit erfahren Sie im Leben?
- Wie transformieren Sie selbst Anflüge von Sinnlosigkeit?
- Was erleben Sie als absurd in Ihrem Leben?
- Was wäre, wenn ein Wunder passierte und Sie hätten plötzlich einen Sinn in Ihrem Leben gefunden?
- Wer würde diesen Sinn in Ihrem Leben als Erstes erkennen? Wer würde davon in Ihrem nahen Umfeld nichts merken?

- Was meinen Sie, würde sich für Sie ändern, wenn Sie den Tod als eine Möglichkeit sehen würden, Solidarität mit anderen Menschen zu empfinden?
- Wenn Sie akzeptieren könnten, dass das Leben grundsätzlich von Absurdität geprägt ist, was wäre dann anders?
- Stellen Sie sich vor, Sie müssten sich lediglich in der Natur aufhalten oder Sport treiben, um glücklich zu sein, wie von Camus vorgeschlagen. Was wäre dann für Sie anders?
- Sinn und Glück sind nicht verbunden. Macht diese Aussage einen Unterschied für Sie im Denken und, wenn ja, welchen? Wenn nein, warum nicht?

Abschließend reflektieren Sie bitte, wie die Philosophie Camus' in Ihre systemischen Therapie- und Beratungssettings als Intervention Einzug halten könnte und welchen Unterschied dies für Sie oder Ihre Klient*innen machen würde.

3 TTT: TECHNOLOGIE – TIEFE BEZIEHUNG – THERAPIE

> »Eine tiefe Beziehung kann nur lange halten,
> wenn sie täglich neu begonnen wird.«
> © Ernst Ferstl

3.1 Einführung in Technologie, Tiefe Beziehung und Therapie

In den letzten Jahren gab es einen großen gesellschaftlichen Fortschritt hinsichtlich physikalischer, digitaler und biologischer Technologien. Dabei wurde immer deutlicher, dass Menschen vor ernsthafte Herausforderungen gestellt werden, die in Industrie, Regierungen, und Organisationen arbeiten, die sich der Umstellung in die Vierte Industrielle Revolution (4IR) und die Arbeit 4.0 stellen (Schwab, 2015).

Auch in der Gesundheitsbranche und für Beratung und Therapie ergeben sich daraus Veränderungen im Blick auf die Themen und Formen von Beratung. Digitale Technologien ermöglichen es, nicht nur im direkten Kontakt mit ihren Klient*innen zu stehen, sondern auch virtuell und digitalisiert therapeutische Assessments (David, Carroll u. Smith, 2022), virtuelle psychologische Services, Therapie und Beratungen durchzuführen (Newman, 2004; David et al., 2022). Künstliche Intelligenz unterstützt dabei, Menschen zu diagnostizieren, präventiv zu arbeiten und therapeutisch zu handeln (Schnell u. Stein, 2021).

Forscher*innen haben bereits zu Beginn des 21. Jahrhunderts vorausgesagt, dass Beratungen und Therapien in den kommenden Jahrzehnten zunehmend stärker durch technologischen Fortschritt bestimmt sein werden, beispielsweise durch Selbsthilfe-Internetseiten, computergestützte Psychotherapie, begleitende Online- oder hybdride Psychotherapie, Psychotherapie mit Nutzung virtueller Realitäten, interaktive Sprachnachrichtensysteme, Biofeedback anhand ambulanter physiologischer Überwachung, synchrone und asynchrone Online-Selbsthilfegruppen und die Nutzung von elektronischer Post durch Psychotherapeut*innen (Newman, 2004).

Der technologische Fortschritt trägt in Beratung und Therapie zu einer großen Vielfalt an intelligenten, vernetzten Produkten und Dienstleistungen bei, die Sensoren, Software, Datenanalyse und Konnektivität auf unterschiedlichste Weise kombinieren (Liu u. Liu, 2022). Diese innovativen Angebote verändern die Grenzen der Therapien und führen zur Schaffung neuer therapeutischer Systeme (Newman, 2004; Brahnam u. Jain, 2011) und neuer Möglichkeiten der Betreuung von Klient*innen (Asamoah-Gyawu et al., 2022).

Auch in systemischen, beraterischen und therapeutischen Prozessen gewinnen die digitalen und virtuellen Lösungen zunehmend an Bedeutung: Computer werden zu Werkzeugen der Therapeut*innen. Gleichzeitig hat sich die Computerisierung des therapeutischen Gesprächs als unrealistisch herausgestellt (Wilhelm u. Pfaltz, 2009) bzw. scheint sie am besten dort zu funktionieren, wo vor der virtuellen Therapie bereits Face-to-Face-Beziehungen hergestellt werden konnten (Roesler, 2011). Dennoch scheinen seit der COVID-19-Pandemie die Beratung und Therapie online und remote die Norm zu werden. Grenzen zwischen traditioneller, computergestützter Therapie und Smart-Systemen werden durchlässiger und inzwischen existieren auch vielfältige hybride Formen von Therapie und Beratung. So zeigen sich Telemedizin, virtuelle Realitäten und Tele-VR, Online-Selbsttherapie, der Einsatz von Apps in der Therapie (bei Wartezeiten), wearable Technologie (Biomarker erkennen, Störungen und Prophylaxe), Online-Testungen und -Fragebögen sowie Online-Therapieprogramme, kognitives Training, Malen in der virtuellen Realität, Psychoedukation, Gruppentherapie und Sporttherapie als neue Felder virtuell gestützter Methoden von Berater*innen und Therapeut*innen (Bennett, 2022; Gullo et al., 2022). Auch gewinnen entsprechende Apps, Chatbots und Online-Plattformen zunehmend beraterisch und therapeutisch an Bedeutung (Xu u. Zhuang, 2020). Es scheint, dass Menschen, die psychologische Hilfe suchen (Prescott, 2022), Online-Anwendungen als einen sicheren Raum wahrnehmen. Xu und Zhuang (2020) haben die Chatbot-Anwendbarkeit für therapeutische Prozesse und ihre Defizite untersucht. Die meisten dieser psychotherapeutisch angewendeten Chatbots nutzen generative Dialoge und andere responsive Methoden. Chatbots erkennen zumeist negative Emotionen und antworten darauf relativ angemessen. Sie gelten nach den Autor*innen für Menschen mit bestimmten mentalen Problemen als brauchbar und sind zudem zeitlich jederzeit ansprechbar. Dennoch sind sie bisher weiterhin eingeschränkt in ihrer allgemeinen Anwendbarkeit und ersetzen daher nicht eine reale Beziehung zwischen Therapeut*innen und Klient*innen (Xu u. Zhuang, 2020).

Sogenannte Psychologie-Apps können zum Beispiel im Google Play Store gekauft werden und sind niederschwellig und intuitiv anwendbar. Es gibt kostenfreie Apps, die oftmals »nur Online-Foren« darstellen und mit Rechtsverstößen assoziiert werden (Beer, 2021). Zudem existieren professionelle Apps, die käuflich erworben werden können, oder Plattformen (wie Talkspace oder BetterHelp), auf denen lizenzierte Therapeut*innen 24/7 Hilfeleistung und Unterstützung geben (siehe etwa www.talkspace.com, www.betterhelp.com oder www.crossculture2go.com). Auch auf MDLive (https://mdlnext.mdlive.com/) stehen lizenzierte Therapeut*innen und zum Teil auch Ärzt*innen online zur Verfügung. Das Programm »MoodKit« ist ein Programm zum Umgang mit negativen Denkmustern (Tagebuch, Gedankenprüfer, Aktivitäten und Stimmungstracker) und folgt einem verhaltenstherapeutischen Ansatz (https://www.thriveport.com/products/moodkit/).

In der wissenschaftlichen Literatur wird auf multimodale digitale psychiatrische Therapieansätze verwiesen und darauf, wie Psycholog*innen und Psychiater*innen künstliche Intelligenz in der Therapie einsetzen können (Schnell u. Stein, 2021; Wilhelm u. Pfaltz, 2009). So diskutieren Schnell und Stein (2021) beispielsweise die Herausforderungen und Möglichkeiten des Einsatzes künstlicher Intelligenz in der täglichen Arbeit mit Patient*innen und wie diese für Diagnostik, Prävention und Therapie genutzt werden können (Liu u. Liu, 2022).

3.2 Technologie in Beratung, Therapie und Beziehung

Forschungen zeigen, dass sich Online-Therapieformen zunehmender Beliebtheit erfreuen, und obwohl ihre Wirksamkeit mit der von persönlichen Begegnungen vergleichbar zu sein scheint (Kocsis u. Yellowlees, 2018), wurde ihre Fähigkeit, die impliziten nonverbalen und verkörperten Aspekte der therapeutischen Beziehung zu unterstützen, infrage gestellt und gilt als noch nicht ausreichend erforscht (Simpson, 2009; Cataldo, Chang, Mendoza, Buchanan, 2021; García, Di Paolo, De Jaegher, 2021). Einige Studien untersuchten bereits die Vor- und Nachteile von Online-Interventionen in Therapie und Beratung (z. B. Barker u. Barker, 2021; Stoll, Müller u. Trachsel, 2020; Schuster, Topooco, Keller, Radvogin u. Laireiter, 2020). García et al. (2021) etwa verweisen darauf, dass es Vor- und Nachteile gibt und dass es wichtig ist, das verbale und nonverbale Verhalten besonders im Blick zu behalten, wie Blickkontakt, Schweigen, interaktive Dynamiken, die Koordinierung sozialer Zusammenhänge, Beziehungen und soziale Werte und Normen.

Es muss berücksichtigt werden, dass der Umgang mit diesen technologisierten Systemen in Beratung und Therapie auch Auswirkungen auf die Identitäten, die Privatsphäre, die Eigenverantwortung, die therapeutische Haltung, Zeiteinteilungen, die Entwicklung von Fähigkeiten, Karriereplanung und den Auf- und Ausbau therapeutischer Beziehungen hat (Park, 2016).

Dies ist mit tiefgreifenden Einflüssen auf die Beziehung von Klient*in und Therapeut*in, die Allianzen im Prozess der Beratung und Therapie, den Verlauf der Sessions selbst sowie die Compliance und Motivation, aber auch die Verteilung psychotherapeutischer Einsatzgebiete und Therapiezeiten verbunden (David et al., 2022). Gleichzeitig gilt es, die Serviceerwartungen der digital erfahreneren Klient*innen zu erfüllen, und es wird immer schwieriger, denjenigen, die über ausreichende Kenntnisse und Alternativen verfügen, eine herausragende virtuelle Erfahrung zu bieten (Park, 2016). David et al. (2022) jedoch beschreiben in einer qualitativen Studie, dass sowohl Klient*innen als auch Therapeut*innen oftmals positive Erfahrungen in der virtuellen Therapie und Beratung machen. Devlin (2022) zeigt beispielsweise auf, dass Therapeut*in und Klient*in in Musiktherapie-Sessions über unterschiedliche Phasen der Beziehungsgestaltung zueinander finden: 1. Exploration des Online-Kontextes und der technologischen Probleme; 2. Entwicklung der Fähigkeiten der Videoübertragung und 3. Übersetzung der internen persönlichen Erfahrungen in Online-Formate. Khan, Shapka und Domene (2021) betonen, dass es für Therapeut*innen ein besonderer Prozess ist, die Beziehung zwischen Klient*in und Therapeut*in online zu verhandeln, dass klinische Methoden und Erfahrungen im virtuellen Raum adaptiert werden und die Kapazitäten der Klient*innen online erkannt werden können. Zudem werden in Kanada und den USA intensiv ethische Aspekte für die virtuelle Therapie diskutiert und wie sich diese in Online-Zusammenhängen umsetzen lassen (Khan et al., 2021). Bhatia und Gelso (2018) unterstreichen, dass die reale – also eine konkrete und greifbare – Beziehung und das Arbeitsbündnis aus Sicht der Therapeut*innen positiv mit dem Ergebnis der Therapiesitzungen zusammenhängen.

Nach Okyere-Twum (2022) hat die techgestützte Therapie (technological mediated therapy, TMT) es geschafft, die mentale Gesundheit von Menschen im Kontext von niedrigen und mittleren Einkommensländern zu stärken, da sie eine wirkliche Alternative zu traditionellen Beratungs- und Therapieverfahren bietet. Somit ist nach Okyere-Twum (2022) mit TMT das Potenzial verbunden, größere Bevölkerungsteile zu erreichen und ihnen Gesundheitsinformationen zugänglich zu machen. Gleichzeitig ist es wichtig, dass sich Therapeut*innen auf sich schnell verändernde, wettbewerbsintensive Therapieumfelder einstellen und eine Zusammenarbeit im virtuellen Raum zwischen Therapeut*innen, Forschungsgemeinschaften und anderen Institutionen ermöglichen (Mayer u. Oosthuizen, 2020a; 2020b; Forbes, 2016). Außerdem hat TMT das Potenzial, Kreativität, Empathie und Verantwortungsbewusstsein zu fördern und ein neues kollektives und moralisches Bewusstsein zu schaffen und zu neuer Sinnstiftung beizutragen (Mayer u. Oosthuizen, 2020b). Zudem sollte TMT, wie von Schwab (2015) betont, den Menschen Nutzen bringen, nicht zuletzt dadurch, dass sie neue Netzwerke schafft, aufbaut und Therapeut*innen, Berater*innen und Ärzt*innen zusammenbringt, die dann zum holistischen Wohl der Klient*innen oder Familien beitragen (Park, 2016).

Forschungen zu Online-Therapie und -Gruppensettings zeigen jedoch, dass die Therapeut*innen in Gruppensettings weniger zufrieden sind mit ihrer Arbeit als in Face-to-Face-Meetings und dass die Bearbeitung von Konflikten und der Umgang mit Vermeidung schwieriger sind als in Face-to-Face-Zusammenhängen. Insbesondere der Einsatz therapeutischer Präsenz und das Managen von Herausforderungen im Gruppenkontext scheinen schwieriger zu sein als im Face-to-Face-Kontext (Gullo et al., 2022).

Leuchtenberg, Gromer und Käthner (2022) betonen, dass Patient*innen die therapeutische Allianz und das Einfühlungsvermögen in Online- und Face-to-Face-Therapie als vergleichbar empfinden. Aus Sicht der Psychotherapeut*innen werden die Vorteile für die Therapie im Face-to-Face-Kontakt erkannt. Klient*innen und Therapeut*innen geben an, dass die Face-to-Face-Begegnung Vorteile bei den Therapieinhalten bietet und Therapie, die per Video läuft, Vorteile bei der Flexibilität in Bezug auf Ort und Zeit bringt. Mehr als die Hälfte der Teilnehmenden an Therapien äußerte eine Präferenz für eine Kombination aus analoger und digitaler Therapie (Leuchtenberg et al., 2022).

Schließlich stellt sich die Frage, wie sich zukünftig technikgestützte Therapieangebote mit denen in Präsenz abgleichen oder kombinieren lassen und welche Veriablen es hinsichtlich soziokultureller Gruppen und mentaler Gesundheitskonzepte geben wird.

3.3 Systemisches um die drei Ts

Forschungen der letzten Jahrzehnte im Kontext der Therapieforschung konnten zeigen, dass unabhängig von der Therapieform sogenannte unspezifische Faktoren ausschlaggebend für den Therapieerfolg sind (Tscheulin, 1992). Ein herausragender Faktor ist dabei immer wieder betont worden: die tiefe Beziehung (Hilsenroth, Cromer u. Ackerman, 2012) zwischen Therapeut*in und Klient*in. Diese kann nach Hilsenroth et al. (2012) mithilfe der folgenden Schritte hergestellt werden:
1. Zeige aktiv engagiertes Beteiligtsein.
2. Fokussiere auf das Hier und Jetzt der Therapiebeziehung.
3. Sprich über deinen eigenen Beitrag zum Prozess.

4. Gib dem*der Patient*in laufend Feedback.
5. Balance zwischen tiefer Beziehung und professioneller Distanz.

In diesem Prozess treten oftmals Gefühle emotionaler Verlassenheit des*der Klient*in, unbewusste emotionale Verlassenheit bei dem*der Therapeut*in und gegebenenfalls eine Störung der tiefen Beziehung durch den Technikeinsatz zwischen Therapeut*in und Klient*in auf.

Weiterhin wird deutlich, dass es, wenn es um Online-Beratung, virtuelle Beratungskontexte und Remote-Beratung geht, oftmals zu Widerstand oder sogar Misstrauen bei Fachkräften kommt, die einem Online-Therapie- und -Beratungsprozess weniger vertrauen als einem traditionellen Face-to-Face-Beratungsprozess in Präsenz (Balaouras et al., 2016). Zudem werfen Online-Beratungs- und -Therapiekontexte weitergehende Fragen zu Datenschutz, Ethik und kommunikationsspezifischen Instrumenten in Therapie und Beratung auf. Dennoch werden Online-Beratungstools, virtuelle Beratungs- und Therapieformen und hybride Therapiesettings gerade von der jüngeren Generation gern genutzt. Dabei setzen junge Klient*innen – auch international und kulturübergreifend – gern synchrone (z. B. Videochat, Zoom, Skype, Microsoft Teams, Telefonate) und asynchrone Kommunikationsformen (Chats, Messaging/SMS, mobile Applikationen) ein (Mtemeri, Madhovi, Mutambara u. Maziti, 2021; Prescott, 2022). Es wird sogar angenommen, dass junge Menschen Online-Beratungs- und -Therapieformate den Face-to-Face-Formaten in Präsenz vorziehen (Prescott, 2022). Entspechend stehen neue Coaching- und Beratungsformate zur Verfügung, die eine flexiblere Nutzung und Gestaltung von Beratungen und Therapien erlauben. Zudem kann Therapie rund um die Uhr angeboten werden und kurzfristig terminiert werden, da Anreisewege wegfallen und die diversen Zeitzonen eine 24/7-Kommunikation erlauben (Asamoah-Gyawu et al., 2022). Zugleich können Therapie und Beratung in allen Sprachen online angeboten und genutzt werden. Vielfach werden diese nicht mehr unbedingt in festen Zeitformaten abgerechnet, sondern in offenen Zeitkonzepten anberaumt und abgerechnet, wie beispielsweise in 15-Minuten-Takten. Dabei sind diese Beratungs- und Therapieansätze global und multisprachlich ausgelegt. Oftmals können online zudem Kombiangebote gebucht werden, die Beratung, Training, Therapie und Informationsanteile sowie teilweise Rechtsberatung umfassen (Bradl u. Lehmann, 2022). Auch stehen inzwischen auf künstlicher Intelligenz basierende virtuelle Therapeut*innen zum Beispiel bei Suchtproblemen zur Verfügung (Win, Han, Samson Chandresh Kumar, Keat u. Ravana, 2022). Probleme ergeben sich vorwiegend durch technische Verbindungsprobleme, schwache Netzwerke, verspätetes Feedback und die Einschränkung von Privatsphäre (Mtemeri et al., 2021). Viele Probleme lassen sich jedoch durch Trainings in virtueller Beratungskompetenz und durch technische Interventionen leicht beheben.

Eine neuere Forschung, die in den USA im Kontext der COVID-19-Pandemie virtuelle Beratungen und Familientherapien untersuchte, zeigte, dass 114 professionelle Berater*innen eher gemischte Gefühle gegenüber virtuellen Therapieformen hegen: Einerseits gab es eine große Varianz im Blick darauf, wie viel Vorbereitung Online-Therapien in Anspruch nehmen. Andererseits meinten Berater*innen wahrzunehmen, dass Klient*innen im virtuellen Gespräch eher unengagiert und abgelenkt sind und nicht so zugänglich und offen scheinen wie im Face-to-Face-Gespräch vor Ort. Ob eine Online-Therapie und -Beratung erfolgreich ist, hängt laut dieser Forschung davon ab, welche persönlichen Charakteristika die Klient*innen aufweisen, welche Behandlung sie genau erhalten und welche Diagnose vorliegt bzw. welche Ziele mit der Therapie verfolgt werden (Barker u. Barker, 2021).

Systemiker*innen stehen den neuen Formaten technologisierter Beratung und Therapie oftmals kritisch gegenüber (Klasen, 2013), da sich immer wieder die Frage der gelingenden Beziehungsgestaltung im virtuellen Raum stellt (Bredl, Bräutigam u. Herz, 2017). Hörmann (2020a) weist darauf hin, dass Online-Lösungen oftmals einen erweiterten Möglichkeitsspielraum bieten, wie ihn sich Systemiker*innen normalerweise in systemischer Therapie und Beratung wünschen. Dabei sind Face-to-Face- und Online-Formate nicht exklusiv zu betrachten und als »Entweder-oder«-Konstrukte zu sehen, sondern eher als ein »Sowohl-als-auch« (Hörmann, 2020a, S. 145). Nach Schiersmann und Thiel (2012, S. 47) sind Online-Therapien geeignet, einen sicheren Rahmen zu geben und auch emotionale Sicherheit und Vertrauen zu bieten, neue Perspektiven und Blickwinkel zu eröffnen und »Tiefe« in Bezug auf Thematik und Beziehung zu erlauben, die Veränderung ermöglicht und neue Zugänge eröffnet (Hörmann, 2020b). Weiterhin bieten neue Online-Beratungsplattformen neue technische Möglichkeiten für einen Perspektivwechsel, die Herstellung von Resonanz und Synchronisation. Gröning (2022) hebt in einem Text zur Online-Supervision und Systemik hervor, dass Technik und Maschinen oftmals mit der Wunscherfüllung einhergehen, die Fehler des Menschseins zu überwinden, komplexe Systeme zu schaffen und Kompetenzen zu erweitern. Dies dürfte nach ihrer Meinung auch für Online-Beratung und -Therapie gelten. Jedoch zeigen sich hier Unterschiede bei den Anwender*innen im Blick auf Gender, Generationen und andere Barrieren, Projektionen und projektive Identifizierungen (Gröning, 2022).

Schließlich lässt sich feststellen, dass, auch wenn E-Health-Lösungen, inklusive systemisch-psychologischer Beratung, ein großes Potenzial in psychologischen Kontexten haben, dennoch bei vielen Klient*innen und Therapeut*innen im deutschen Kontext ein mangelndes Bewusstsein für und Vertrauen in E-Health-Lösungen besteht, was es zu überwinden gilt, damit Möglichkeitsspielräume erweitert werden können (Hörmann, 2020a; 2020b). Langfristig wird die Anzahl digitaler psychologischer Betreuungs-, Beratungs- und Therapieangebote wahrscheinlich stark ansteigen (Kubitschke, Müller u. Meyer, 2017) und daher müssen integrierte Gesundheitssysteme entwickelt werden (Leichsenring, 2004). Dies wird nicht nur therapeutische Interventionen betreffen, sondern auch für Diagnostik, Prävention und Behandlung integrierter – somatischer und psychischer – Problematiken eingesetzt werden (Lüttke, Hautzinger u. Fuhr, 2018). Geräte und smarte Anwendungen sammeln bereits jetzt vielfältige Daten zu Symptomatik, Befindlichkeit, Lebensqualität, Schlaf, physiologischen Merkmalen etc. Diese könnten genutzt werden, um therapeutische Online-Programme so aufzurüsten, dass sie im Sinne eines Selbstmanagements den Klient*innen therapeutische Übungen und Interventionen – auch aus systemischen Perspektiven – an die Hand geben. Therapeut*innen werden entsprechend ihren professionellen Qualifikationen auch zu Expert*innen im Einsatz »digitaler Medien und von E-Health werden und diese in ihre Behandlung integrieren« (Lüttke et al., 2018, S. 263). Online-Beratungen und -Therapien sollten die derzeitigen therapeutischen Systeme ergänzen und auf diese Weise Beziehungen zwischen Therapeut*innen und Klient*innen in ihren Tiefen verstärken.

3.4 Ein Anwendungsbeispiel

Im Mittelpunkt dieses Fallbeispiels steht Sonja, eine sehr erfolgreiche Entrepreneurin. Mit 47 Jahren hadert sie mit dem großen Erfolg ihrer Online-Firma und sucht eine systemisch orientierte Therapie auf. Im Folgenden werden lediglich drei Ausschnitte dieser therapeutischen Beziehung skizziert. Die Therapie verlief über den Zeitraum eines Jahres und fand ausschließlich online statt. Die Ausschnitte zeigen einen Einblick in den Beginn, die Mitte und das Ende der Therapie.

3.4.1 Zu Beginn der Therapie

Sonja ist eine Entrepreneurin aus dem südlichen Afrika, die viele Jahre im europäischen Kontext gelebt und gearbeitet hat. Sie kontaktiert die Therapeutin mit dem Anliegen, ihre Beziehungen zu bearbeiten und eine Entscheidung hinsichtlich ihrer Firma zu treffen. Der Fall demonstriert, wie Therapie über einen Zeitraum von über einem Jahr an Tiefe gewinnen kann.

In einer der ersten Sitzung geht es für Sonja vor allem darum herauszustellen, dass sie Klarheit bezüglich ihrer Firma und deren Zukunft gewinnen möchte. Sie stellt sich der Therapeutin beim ersten Gespräch gar nicht erst vor, sondern betont lediglich, dass sie sich nicht vorstellen müsse, da sie sehr bekannt sei und davon ausgehe, dass die Therapeutin sie kenne. Diese verneint jedoch und sagt: »Erklären Sie mir doch einmal, wer Sie sind, so als würde ich Sie gar nicht kennen.« Das Anliegen, das Sonja nach ihrer Vorstellung für diesen therapeutischen Kontext formuliert, ist die Frage danach, welchem Beruf sie eigentlich nachgehen möchte und welche Zukunft sie für ihre Firma sieht.

In den ersten Monaten der Therapie beziehen sich alle Themen auf die Firma und Sonja erörtert deren Für und Wider. Eigentlich möchte sie gern akademisch tätig werden, doch sie zögert, da ihre Firma wirtschaftlich sehr erfolgreich ist und sie eigentlich nicht wieder von vorn anfangen möchte.

Sie erzählt von Freundschaften, ihrem Aufwachsen, ihren Umzügen, ein wenig über ihre Eltern und die Therapie. Sobald die Gespräche intensiver werden oder in die Tiefe gehen, setzt Sonja die Stunden ihrerseits entweder ab, verschiebt sie oder sie »vergisst« die Stunden. Sie scheint als Klientin kaum zu greifen zu sein. Da alle Sessions online stattfinden, oftmals ausfallen oder auch verspätet beginnen, ist die Klientin als Person und mit ihrem Anliegen kaum zu fassen. Sie wirkt auf die Therapeutin wie ihr eigenes Online-Profil: positiv und bunt, freundlich und unabhängig, immer »gut drauf«, extrovertiert und direkt. Sie erwähnt ihre Erfolge in ihrer Firma und die steigenden Umsätze.

3.4.2 Nach einem halben Jahr

Erst nach sechs Monaten verändert sich etwas an dem Prozess. Plötzlich geht es nicht mehr nur um die positiven Darstellungen des Beruflichen und die Erkundung des Transformationsprozesses. Plötzlich bringt die Klientin eigene, private Themen in den Prozess ein. Sie spricht nicht mehr nur von den Erfolgsfaktoren der Firma, sie spricht auf einmal von Selbstzweifeln, ihrem Imposter-Syndrom, ihrem geknickten Selbstwert und den immer wieder aufklaffenden Wunden der Vergangenheit in ihrer Herkunftsfamilie. Es geht um Fragen, die plötzlich die Tiefe ihrer Wunde berühren, um Erkundungen dessen, was das Heilen so schwierig macht. Ihr Herz scheint gebrochen und sie äußert Scham über den Erfolg der Firma. Unvermittelt widmet sich der Therapieprozess der Aufarbeitung einer jahrelangen Identitätskrise, der erfahrenen Zurückweisung als weißes junges Mädchen in einem Post-Apartheid-Kontext, dem Kampf um Zugehörigkeit zu einer Minoritätengruppe in einem Land, das von Männern, Rassismus und Gewalt geprägt ist. Es geht ihr darum, diese verlorenen Jahre zu besprechen, ihren Verlust zu betrauern und die eigene Herkunft anzunehmen.

3.4.3 Kurz vor Ende der Therapie

In einer der Sitzungen gibt Sonja zu verstehen, sie habe plötzlich bemerkt, dass sie über all dies sprechen könne, weil über viele Monate des Small Talks eine tiefe Beziehung zu ihrer Therapeutin entstanden sei, die es nun ermögliche, sich zu öffnen und Tiefgreifendes zu besprechen.

Sonja betont, wie wichtig diese Online-Zeit mit der Therapeutin war: um ruhig zu werden, Vertrauen zu fassen und eine Beziehung entstehen zu lassen, sie gleichzeitig zu erkunden.

Über einige weitere Monate bearbeiten Therapeutin und Klientin zahlreiche Themen teilweise oder sogar vollständig, bis kurz vor dem Ende der Therapie die Klientin ihren Wunsch artikuliert, ihre Ehe zu beenden. Es folgen drei weitere Sitzungen, die verdeutlichen, dass ein Punkt in der Online-Therapie erreicht ist, in dem Sonja ihre gegenwärtige Situation klar beschreibt und betont, dass sie sich Unterstützung dabei wünscht, ihre Ehe zu beenden und neu zu beginnen. Die therapeutische Beziehung habe nun die Tiefe erreicht, dass das Problem, für das sie die Sitzungen anberaumt hatte, nun angegangen werden könnte. Die Therapeutin ist erstaunt, da es seit Monaten um andere Themen geht und Sonja immer wieder betont hatte, wie gut und unumstößlich ihre Ehe sei.

Nachdem zehn Monate alle anderen möglichen Themen erörtert worden waren, kommt sie nun zum Kernpunkt, nämlich Hilfe dabei zu erhalten, ihre Ehe zu beenden. Sie nimmt an, dass diese Entscheidung in ihrer Herkunftsfamilie eine große Erschütterung auslösen wird, und zudem ist sie selbst davon überzeugt, dass die Beziehung fortgesetzt werden sollte. Zugleich sieht sie die Jahre vergehen und erlebt ihre Ehe als unglücklich. Einige Sitzungen widmen sich der Aufarbeitung der Ehethematik und des diesbezüglichen Standpunkts der Klientin. Die vertrauensvolle Beziehung zwischen Therapeutin und Klientin erlaubt es, diese Fragen in einer großen Tiefe zu bearbeiten.

3.4.4 Nach Abschluss der Sitzungen

Einige Monate nach Abschluss der Sitzungen ruft Sonja ihre Therapeutin an und berichtet von der Auflösung ihrer Ehe und ihrem Neustart. Sie betont, wie wichtig die entstandene Tiefe der Beziehung zur Therapeutin gewesen sei, wie froh sie gewesen sei, dass sie in einer Online-Therapie habe beraten werden können (um anfangs genügend Abstand zu haben), und wie unterstützend und stärkend sie die tiefe und vertrauensvolle Beziehung über den gesamten Jahreszeitraum hinweg erlebt habe.

3.5 Best Practices

Erste Ansätze der systemischen Online-Beratung werden bereits seit einem Vierteljahrhundert durchgeführt und untersucht (Ott, 2003). Es kann festgehalten werden, dass auch systemische Therapie und Beratung inzwischen als Online-Angebot in vielfältiger Weise umgesetzt werden und systemische Therapie internetbasiert und mit technologischer Unterstützung realisiert wird (Messner u. Feikes, 2021). Dabei gibt und gab es besonders in der Vergangenheit oftmals kritische Stimmen, wenn es um die Arbeit in Online-Formaten geht, die nach Küchler (2022) transformiert werden müssen, um der Beratung oder Therapie nicht hinderlich zu sein. Dabei können vielfältige Potenziale systemischer Online-Beratung und -Therapie identifiziert werden, die in Best Practices zusammengefasst werden können:

Grundsätzlich zeigt sich aus systemischer Sicht, dass bereits das Internet als systemisches Element zu betrachten ist, das Einfluss auf das System nimmt – und dass es für Therapeut*innen und Klient*innen einen Unterschied macht, ob eine Beratung oder Therapie face to face in Präsenz oder online stattfindet (Rosenauer, 2009). Nach Rosenauer (2009, S. 29) sollte die Interaktion zwischen beiden Beteiligten unmittelbar sein, das heißt synchron erfolgen. Für die systemische Therapie und Beratung ist es zudem wichtig, dass die systemisch-konstruktivistische Perspektive in der technologisierten Therapie bestehen bleibt, die Kommunikation weiterhin systemisch ausgerichtet ist und alle relevanten Systeme – wie Individuum, Therapeut*in und Klient*in inklusive technologisiertes Kommunikationssystem, Familie, Freund*innen etc. – mit in die Therapie einbezogen werden. Die Erfahrungen der Unterschiede zwischen Face-to-Face-Begegnung und technologisierter Therapie und Beratung sollten zudem thematisiert und emotionsverändernde Wirkungen in der Beratung und Therapie berücksichtigt werden.

Wichtig ist auch, dass die Systemgrenzen in der technologisch orientierten systemischen Therapie und Beratung thematisiert werden. Das wird dadurch erschwert, dass in der Regel die Grenzen der technologisierten Kommunikation verschwommen oder nicht radikal klar abgrenzbar sind und nicht alle Kommunikationskanäle unbedingt bewusst genutzt werden. Auch sollten die Regeln der therapeutischen Kommunikation in diesem Kontext neu definiert werden. Zudem kann nach Rosenauer (2009) das Nichtwissen, das zum Beispiel der*die Therapeut*in über den Kontext des*der Klient*in in der internetbasierten Kommunikation hat (etwa z. B. Nichterfassbarkeit des gesamten Körpereindrucks, eingeschränkte Erkennbarkeit der Mimik etc.), einen entscheidenden Unterschied in der Interpretation von Verhalten oder Kommunikation machen. Die Besonderheiten in der technologisierten Kommunikation lassen sich für die systemische Therapie als Best Practices nutzen. So zeigt sich, dass die Internetkommunikation enthemmend auf viele Menschen wirkt und Menschen oftmals mehr von sich preisgeben und dies in der systemischen Therapie genutzt und bewusst einbezogen werden kann (Rosenauer, 2009). Online-Therapie und -Systeme eröffnen somit neue Chancen, die Tiefe der Beziehungen zwischen systemischen Therapeut*innen und Klient*innen auszubauen und die Vielfalt zu erweitern, um neue Handlungsspielräume zu entwickeln.

Schließlich zeichnet sich ein Trend in der systemischen Online-Therapie und -Beratung ab, der davon ausgeht, dass »die systematische, konzeptionell fundierte, passgenaue Kombination verschiedener digitaler und analoger Kommunikationskanäle in der Beratung« (Hörmann et al., 2019, S. 23) die Zukunft der Therapie und Beratung sind und dass aller Wahrscheinlichkeit nach Online- und Präsenzberatungskontakte in Zukunft sinnvoll miteinander verknüpft werden. Letztlich ist dann darauf zu achten, dass Online-Therapie und -Beratung methodisch anspruchsvoll und begleitet von Qualitätssicherungsmaßnahmen realisiert werden. Es sollten neue Softwareprodukte für die Bedarfe der Online-Therapie und -Beratung entwickelt werden und das therapeutische und beraterische Selbstverständnis sollte überdacht und eventuell hinsichtlich der immerwährenden Abrufbarkeit, Reflexion und Kontaktfrequenz angepasst werden (Engelhardt u. Piekorz, 2022).

3.6 Reflexionsfragen

Die folgenden Fragen können in Bezug auf Technologie-Therapie-Tiefe-Beziehungs-Interdependenzen und systemisches Denken und Handeln in systemischer Therapie und Beratung gestellt und reflektiert werden:

- Wie bewerten Sie die Verknüpfung von Technologie, Tiefer Beziehung und Therapie?
- Wie vereinen Sie diese Elemente in Ihren Beratungen und Therapien?
- Welche Unterschiede ergeben sich nach Ihrer Einschätzung aus technologiebasierten Formen der Kommunikation zwischen Therapeut*in und Klient*in?
- Wie kann systemisches Arbeiten im Hybridmodus aussehen, gestaltet und optimal genutzt werden?
- Wie kann die Nutzung systemischer Techniken und Methoden eine Vertiefung der Beziehung zwischen Therapeut*in und Klient*in im virtuellen Raum unterstützen?
- Wie können Technologie, technologisierte Kommunikation, das Internet und die hybriden Systeme als neuere Systemelemente und Einflüsse in die systemische Beratung und Therapie einbezogen werden?
- Wie erweitert die Technologie die tiefe Beziehung zwischen Therapeut*in und Klient*in?
- Welche Bedeutung hat die Technologie als Systemelement?
- Wie arbeiten Therapeut*in und Klient*in Ihrer Einschätzung nach am besten zusammen: virtuell, face-to-face oder hybrid?
- Welche Emotionen rufen die unterschiedlichen Kommunikationsformen Face-to-Face-Präsenz und Online-Begegnung in Therapeut*in und Klient*in hervor? Welches sind die Gründe für diese Emotionen?
- Sollten systemische Interventionen verändert oder angepasst werden? Und wenn ja, wie verändern Sie Ihre systemischen Interventionen in den unterschiedlichen Kontexten?
- Wie arbeiten Sie virtuell mit Familien, Paaren, Systemen und wie beziehen Sie die unterschiedlichen Systeme oder aber auch Teilsysteme in die technologisierte Kommunikation ein?

- Beachten Sie die Narrationen: Sind sie gleich oder unterschiedlich in der Face-to-Face-Präsenz oder Online-Kommunikation? Wo zeigen Therapeut*in und Klient*in mehr oder weniger Offenheit?
- Wo erweitern sich die Spielräume des Denkens und Handelns?
- Schließlich: Wie äußert sich »Tiefe Beziehung« zwischen Therapeut*in und Klient*in face to face und online?

Abschließend reflektieren Sie, wie sich Ihre Einstellung zu technologisierter Kommunikation, Beratung und Therapie darstellt, ob und wie sie sich im Laufe der letzten Jahre bzw. Jahrzehnte verändert hat und was genau für Sie die Unterschiede zwischen Face-to-Face-Präsenz und Online-Beratung und -Therapie im systemischen Kontext ausmacht.

4 DIE LIEBE – KULTURELLE PERSPEKTIVEN AUF EIN GEFÜHL

> *»Glücklich allein ist die Seele, die liebt.«*
> *Johann Wolfgang von Goethe*

4.1 Einleitung: Liebe aus unterschiedlichen kulturellen Perspektiven

Die Liebe ist ein uraltes Phänomen mit vielen Bedeutungen. Das Konzept der Liebe variiert von Kultur zu Kultur (Röttger-Rössler, 2006), auch wenn sie als universell beschrieben wird. Sie ist Gegenstand der Poesie, der Philosophie und des Alltags und beschreibt ein starkes Gefühl des Hingezogenseins, ein Gefühl, mit einem Menschen in der Tiefe der Seele verbunden zu sein (Karandashev, 2015).

Die Liebe ist eine universelle menschliche Emotion, die viele Aspekte des Lebens durchdringt (Malik, 2021). Sie wird definiert als eine starke emotionale Bindung an eine andere Person oder Sache, die Gefühle der Euphorie und Freude oder der Traurigkeit und Verzweiflung hervorrufen kann (Thaik, 2014). Entsprechend kann die Liebe als positives oder negatives Gefühl gewertet werden.

Ursprünglich wurde aus europäischer Perspektive angenommen, dass die Liebe einzigartig europäisch sei (Stone, 1989; Stones, 1986; Mayer, 2017), doch in den letzten Jahrzehnten wurde Liebe als tiefgreifendes Gefühl beispielsweise als Thema nachgewiesen in Platons Dialogen, in Textdokumenten islamischer Kulturen und in frühen indischen Manuskripten (Karandashev, 2015). Die Vorstellungen von Liebe als universellem Konzept unterscheiden sich kulturspezifisch und werden abhängig vom jeweiligen kulturellen Kontext definiert, empfunden und ausgedrückt (Feybesse u. Hatfield, 2014; Mayer 2021a; 2021b). In westlichen Kontexten wird oftmals unterschieden zwischen romantischer und platonischer Liebe, wobei die Ideen zur romantischen Liebe im europäischen Kontext häufig auf Beschreibungen von Einstellungen und Verhaltensweisen aus dem 12. Jahrhundert basieren (Paris, 1883; Mayer, 2023). Dabei wird die Liebe beschrieben als »amour courtois« oder »romantische Liebe«. Die romantische Liebe diente im 12. Jahrhundert besonders dazu, den Status der Frau anzuheben und die Leiden durch passionierte Anziehung und Trennung vom geliebten Subjekt zu beschreiben. Zudem zeigt sich die Vorstellung, dass die Liebenden sich durch ihre Liebe in eine neue Welt versetzen und diese Welt als intensiv erleben (Paris, 1883).

In der westlichen Literatur wird vielfach zwischen drei übergreifenden Liebeskonzepten unterschieden (Harion, Loew, Settegast u. Zink, 2021; Malik, 2021; May, 2012; Wischmeyer, 2015):
- Eros – das sexuelle Bedürfnis, der Ausdruck des Willens nach Besitz (Malik, 2021),
- Philia – die Freundschaft in der Partnerschaft,
- Agape – eine Feinfühligkeit, eine Zärtlichkeit und ein Gefühl des empathischen Zusammengehörens, des Empfindens der Gefühle des anderen, die Urliebe, Weltliebe.

Diese drei Liebeskonzepte können in Liebesbeziehungen unterschiedlich aufscheinen und ausgeprägt sein oder sich auch nur vereinzelt in bestimmten Beziehungen zeigen. So kann Eros besonders in romantischen Paarbeziehungen auftreten, während sich Philia eher in freundschaftlichen Beziehungen und Agape in Eltern-Kind-Beziehungen oder in Beziehungen zu einer höheren Macht wiederfinden.

Liebe ist vor allem in den vergangenen Jahren als ein kulturelles Konstrukt beschrieben worden und so gibt es vielfache Forschung zu Liebe in bestimmten kulturellen Kontexten (Mayer u. Vanderheiden, 2021a). Einige Forschungen fokussieren auf Liebe in spezifischen Kulturräumen. So verweist beispielsweise Karandashev (2015) auf ein Verständnis von Liebe bei Russ*innen und Litauer*innen als einem »uralten Märchen«, das entweder sofort vorbei ist oder zu einer langfristigen, realen Beziehung wird; US-Amerikaner*innen verstehen Liebe als etwas Reales und nicht als etwas Illusionäres (Karandashev, 2015). Dabei geht es in romantischen Beziehungen auch immer wieder um die Frage, wie die gemeinsame Identität in der Paarbeziehung und der Einzelpersonen in der Paarbeziehung kreiert wird. Nach Intersoll-Dayton, Campbell, Kurokawa und Saito (1996) ist es in US-amerikanischen Liebesbeziehungen sehr wichtig, dass es einen hohen Grad an Intimität gibt, den nur die Liebenden miteinander teilen. Zudem sollten die Liebenden ihre eigene, individuelle Identität nicht aufgeben.

Weiterhin gibt es in bestimmten Gesellschaften Phänomene kollektiver Verpflichtung (Karandashev, 2015), zum Beispiel die Sorgeverpflichtungen gegenüber älteren Familienmitgliedern, die auch mit Liebe assoziiert werden. Intimität entsteht zwischen den Liebespartner*innen erst, wenn ältere Familienmitglieder versterben und die Emotionen nun neu auf die gegenwärtigen Beziehungen gelenkt werden können.

In romantischen Liebesbeziehungen erleben die Menschen, wenn die Beziehung stimmig ist, Leidenschaft und Intimität (Sternberg, 1997). Damit eine Beziehung jedoch als vollständig oder vollendet angesehen werden kann, muss sie, zumindest nach westlichem Verständnis, auf Intimität, Leidenschaft und Bindung beruhen – dem »Dreieck der Liebe« (Sternberg, 1997). Dabei scheint Intimität eine wichtige Rolle in romantischen Liebesbeziehungen zu spielen und ist mit den kulturellen Konstruktionen der Sinnfindung verbunden (Trask, 2021). Die Liebe wird somit zu einem sinnstiftenden Konzept im Kontext sozialer Beziehungen. Jedoch kann es auch zu Gefühlen chronischen Unglücklichseins in Paarbeziehungen kommen (Rosenblatt, 2021). Dann sollten Liebenskonzepte besprochen und die Motivation, in der Liebesbeziehung zu bleiben, überprüft werden (Hsu, 2001). Dies kann in der Therapie und Beratung geschehen. Natürlich kann es auch in Liebesbeziehungen zu gewaltvollen Auseinandersetzungen kommen (Mayer, 2021b), und es ist vielfach beschrieben worden, dass Liebe und Hass oftmals nahe beieinanderliegen (TenHouten, 2021).

4.2 Liebe in Therapie und Beratung

Liebe ist häufig Thema in Therapie und Beratung und kann als systemisches Kontrukt betrachtet werden (Luhmann, 1994; Klar, 2020). Liebe kann ein Thema in der Einzelberatung und Einzeltherapie sein, kann aber auch Teil der Paar- oder Familientherapie darstellen und in unterschiedlichen Lebensphasen mit verschiedenen Implikationen verbunden sein (Richter, 2021; Willi, 2019).

Forschungen weisen auf die hohe Bedeutung eines empathischen Umgangs von Therapeut*innen mit ihren Klient*innen hin (Howe, 2013). Ebenso kann es sinnvoll sein, eine Haltung altruistischer Liebe zu entwickeln, die die Reflexion von Übertragung und

Gegenübertragung einschließt (Lütgerhorst, Diekmeier u. Fengler, 2021). Dabei sollten Interventionen, wie beispielsweise Imaginationen, die Reflexion der Selbsterfahrung, Stärkung der Selbstliebe, eine ressourcenorientierte Haltung, die mit empathischem Zuhören, Pacing und Strukturierungen einhergeht, von Therapeut*innen genutzt werden, um eine liebevolle, empathische Verständnissituation in der Therapie zu schaffen. Diese Methoden können zudem zur Stärkung der Selbstliebe beitragen, die von Malik (2021) als wichtiges Ziel im psychotherapeutischen Kontext verstanden wird.

Brehm (2021) schlägt in diesem Zusammenhang vor, in der therapeutischen Praxis mit Methoden wie der Timeline zu arbeiten. Dafür können in therapeutischen Prozessen beispielsweise Seile so genutzt werden, dass jede*r Partner*in in der Therapie das eigene Leben anhand des Seiles darstellen kann. So lässt sich beispielsweise eruieren (Brehm, 2021), wann im Leben des Paares die Zuneigung und die Intimität besonders ausgeprägt waren und wann die Möglichkeiten des Wandels der Liebe besonders gegeben sind oder waren.

Zudem lässt sich feststellen, dass Themen der Liebe und von Liebespaaren sich in den vergangenen Jahren verändert haben (Ben-Ze'ev, 2019). Neue Konzeptionen von Liebe, die vor allem durch technologisierte Begegnung stattfinden, wie beispielsweise Cyberlove, ergeben neue Perspektiven auf Liebesbeziehungen (Mousavi u. Shams Ravandi, 2022), die ihren Widerhall in Beratung und Therapie finden. Zu berücksichtigen sind auch interkulturelle Aspekte von Liebesbeziehungen (Mayer, 2021a; 2021b; 2023), Liebe und Sex zwischen älteren Menschen und Paaren (Geronto-Love) (Koren, 2022), Liebe und Außenbeziehungen (Mazziotta, 2020) sowie Liebe und Emotionen im Kontext des Techniksatzes (Heßler, 2020).

Kollmeyer und Röder (2020) verweisen auf die starken Veränderungen, die sich in der Beratung und Therapie von Paaren in den letzten Jahren zeigen: So gibt es beispielsweise insgesamt erhöhten Beratungsbedarf, aber auch mehr gleichgeschlechtliche Paare und Menschen in neuen Familienformen, die Beratung und Therapieangebote nutzen.

4.3 Liebe aus systemischen Perspektiven

In der systemischen Therapie- und Beratungsforschung spielte das Thema »Liebe« für eine lange Zeit keine besonders bedeutsame Rolle (Reich u. von Boetticher, 2020), obwohl Liebe, Bindung und Sicherheit als wichtige Pfeiler der Familie gelten (Dallos u. Vetere, 2021). Willi (1975) war einer der ersten Familientherapeut*innen, der sich mit den Grundmustern von Liebe und Partner*innenwahl auseinandergesetzt und das unbewusste Zusammenspiel aus psychodynamisch-analytischen Perspektiven beschrieben hat. Er entwickelte eine Klassifizierung unterschiedlicher Liebesformen im Rahmen von Kollusionsphasen, wie beispielsweise die Liebe als »eins sein« (narzisstische Kollusion), Liebe als »einander umsorgen« (orale Kollusion), Liebe als »einander ganz gehören« (anal-sadistische Kollusion) und Liebe als männliche Bestätigung (phallisch-ödipale Kollusion). Liebe wird so zu einem Phänomen, das auf das gemeinsame Unbewusste der Partner*innen zurückzuführen ist und eine intra- und interindividuelle Balance in der Wahl der Partner*innen herstellt (Willi, 1975).

Klar (2020), die im systemischen Lexikon Roussell (1980) zitiert, betont: »Die ›traditionelle‹ Beziehung fokussiert auf die gemeinsame Erarbeitung der Lebensgrundlage und das Aufziehen der Kinder. Trennungen sind nicht vorgesehen und führen zu Existenzangst. Bei der ›Bündnisbeziehung‹ orientiert sich die Verbundenheit an der Loyalität zum bindenden Dritten, z. B. einem Ziel, einer Ideologie oder Aufgabe. Die Trennung führt zu Gefühlen von Scham und Schuld, es besteht Rechtfertigungszwang. Bei der ›Verschmelzungsbeziehung‹ geht es um Geborgenheit, um das Aufgehen im anderen, in Verlustsituationen kommt es zu Selbstwertminderung, Verletzung und seelischem Schmerz. Die ›Gefährtenschaft‹ ist eine freundschaftliche Paarbeziehung oder eine Freundschaft, geprägt durch Geselligkeit, gemeinsamen Spaß, geteilte Freude. Trennungen sind leicht und freundlich, die Selbstverwirklichung ist wichtiger als das konkrete Zusammensein mit dem anderen. Ich ergänze hier als fünfte Form die ›Schicksalsgemeinschaft‹, in der man bedingungslos hinter dem anderen und seinem Handeln steht. Beruhend auf Offenheit, Vertrauen und Gleichberechtigung, ist sie unabhängig von erotischer Verbundenheit oder Verwandtschaft und hat keinen ausschließlichen Charakter (d. h., man kann mehrere Menschen auf diese Weise lieben).«

Stierlin (1997) versteht Liebe im systemischen Sinne als den Moment, in dem eine Person keine selbstständige Person für sich allein mehr sein möchte.

Die Phasen der Liebe spielen eine wichtige Rolle in der Paartherapie. Riehl-Emde und Willi (1997) betonen, dass das Verliebtsein zu körperlichen und seelischen Veränderungen führt und dass Menschen, die glauben, ihre große Liebe geheiratet zu haben, glücklicher sind als die, auf die dies nicht zutrifft. Ehemänner und Ehefrauen zeigen oftmals Kongruenzen in ihrem Wohlbefinden, in ihrer Zufriedenheit mit der Partnerschaft und bezüglich ihrer Einfühlung in den Partner oder die Partnerin (Riehl-Emde u. Willi, 1999). Fromm (1956) unterstreicht, dass sich das Gefühl des Verliebtseins und der Liebe meist nur in Bezug auf solche menschlichen Züge bezieht, die in Reichweite der eigenen Möglichkeiten liegen, es einer Person also ermöglichen, mit anderen Menschen Emotionen auszutauschen.

Liebe im Rahmen therapeutischer Arbeit ist zudem immer mit Fragen nach Sinn und Sinnhaftigkeit verbunden (Klar, 2020). Es gilt auch, die konkreten Beschreibungsformen des Liebesbegriffs zu betrachten und herauszuarbeiten, welche Empfindungen, Bedürfnisse und Impulse mit der Liebe in inneren und äußeren Diskursen verbunden werden (Klar, 2020). Retzer (2004) versteht die Liebe als einen Kommunikationscode, den ein Individuum mit der Muttermilch aufsaugt und nicht erlernen, lediglich verlernen kann. Dies betrifft nicht nur die Liebe zu anderen, sondern vor allem auch zu sich selbst, denn Selbstliebe stellt die Grundlage für Liebesbeziehungen dar und ist Ausdruck der Fähigkeit, sich selbst positive Bestätigung, Wertschätzung und Fürsorge zukommen zu lassen und zugleich anderen Liebe zu gewähren (Fromm, 1956).

Systemische Forschungen werfen Fragen danach auf, wie liebende und fürsorgliche Familiensysteme sich um Familienmitglieder sorgen, die Essstörungen haben (Mehl, Tomanová, Kubena u. Papezova, 2013). In diesen Forschungen geht es eher um familiäre, elterliche und kindliche Liebe und die in familiären Beziehungen und universell vorhandene Liebe – auch gelegentlich als Agape beschrieben. Dies deckt sich mit anderen familientherapeutischen Forschungen, die sich auf altruistische Liebeskonzepte und auf die Frage konzentrieren, wie Liebe zur Heilung, Bewältigung und zum Umgang mit Schmerz beitragen kann (Hargrave u. Pfitzer, 2011). Liebe zwischen Eltern und Kindern wird aus systemischer Sicht auch im Kontext von Individuation, Familienbindung, Leistung, Gerechtigkeitssinn, Verlust- und Trennungsängsten, Treue und Verantwortung interpretiert, besonders, wenn es um das Verständnis von Störungsbildern, wie beispielsweise Magersucht, geht (Weber u. Stierlin, 2001).

Viele Publikationen zu Liebesthemen richten ihr Augenmerk vor allem auf Paarthemen (Retzer, 1994; Richter, 2021; Reich u. von Boetticher, 2020). Richter (2021) beispielsweise beschreibt in ihrem Buch »Eure Liebe. Haltung, Methoden und Interventionen für die Paartherapie« die nachstehenden Aspekte als häufige Klärungspunkte in Paar- und Familienkonstellationen: die unterschiedlichen Vorstellungen von Liebe in Paaren erforschen, die Grenzen der Liebe eruieren, mit Altlasten der Paarbeziehung umgehen, Konflikte und Streitigkeiten erfassen, Erotik, Sexualität und Untreue thematisieren. Sie greift somit Themen auf, die in vielen systemischen Therapie- und Beratungsangeboten von Paaren und Familien eine wichtige Rolle spielen.

4.4 Ein Anwendungsbeispiel

Herr K. nimmt telefonisch Kontakt mit der Therapeutin auf und beschreibt während des Telefonsgesprächs, dass er die derzeitige Situation in seiner Familie, mit seiner Frau und seinen zwei Kindern verändern möchte. Auch seine Frau sei dafür; die Familie leide unter der derzeitigen Situation. Sie hätten bereits viel versucht, wollten nun aber einen neuen Beratungsprozess in Anspruch nehmen, da es keine Liebe in der Beziehung gebe. Frau und Herr K. kommen eine Woche später zum Erstgespräch.

4.4.1 Problem, Überweisungs- und Erklärungskontext

Beide Personen stimmen darin überein, dass sie eine Beratung wünschen, weil sie mit sich als Paar und mit Blick auf die Kindererziehung Probleme hätten. Diese Probleme hätten sich in der letzten Zeit zugespitzt. Beide reisen in getrennten Fahrzeugen zum Erstgespräch an, legten eine Anfahrt von über 90 Minuten zurück. Sie benennen folgende Probleme: Oft kommt es in Gesprächen in der Familie oder zwischen den Eheleuten zu Eskalationen. Frau K. beginnt dann damit, Herrn K. und die beiden Söhne anzuschreien, und Herr K. »flüchtet« mit den Kindern zu seinen Eltern ins Nachbarhaus, wo er dann mit den Kindern verbleibt, bis sich die Situation wieder klärt und er ins Haus zurückkehren kann. Die Mutter erzählt, dass sie keine anderen Möglichkeiten der Erziehung sehe, als die Kinder zu schlagen und sie anzuschreien, da sie ihr nicht folgen würden. Der Vater sagt, dass diese Verhaltensweisen ihn einfach nur aus dem Haus trieben. Es gebe keine Liebe.

Beide Eheleute sind mit ihrer Lebenssituation unzufrieden. Sie verfügen nicht über eine gemeinsame Gesprächsebene und verweisen in der ersten Sitzung jeweils nur auf negative Verhaltensweisen der jeweils anderen Person.

Aus systemischer Perspektive steht die Familie des Mannes hinter ihm und den Kindern und vereint sich gegen die Mutter. Der zehnjährige, ältere Sohn verhält sich in der Schule und zu Hause extrem aggressiv und hört nicht auf die Mutter, die die meiste Erziehungsarbeit leistet. Den kleinen Sohn empfinden beide Eltern als Störfaktor. Der Sohn sei nicht geplant gewesen und raube beiden Eltern, nach eigenen Aussagen, die Nachtruhe. Er ist zur Zeit der Therapie zwei Jahre alt. Das Paar erklärt, dass von einer gegenseitigen Anziehung nichts mehr übrig sei, dass ihre Liebe in Hass, Streit und Aggression umgeschlagen sei. Wirkliche Liebe habe es nie gegeben zwischen ihnen, aber zumindest am Anfang ein Verliebtsein. Das sei aber auch schnell erloschen. Beide geben jedoch an, die Kinder zu lieben, obwohl der zweite Sohn absolut ungewollt gewesen sei und »nur störe«.

4.4.2 Auftrags- und Zielkontext

In den folgenden Sitzungen geht es darum zu verstehen, was in den letzten zehn Jahren der Beziehung passiert ist. Es stellt sich heraus, dass die Ehe keineswegs aus einer tiefen Liebesbeziehung hervorgegangen ist. Beide erklären übereinstimmend, dass es zur Heirat gekommen sei, weil die Eltern von Herrn K. darauf bestanden hätten, dass das Paar heiratet, nachdem sie von der Schwangerschaft erfahren hatten. Gleichzeitig betonten die Eltern jedoch auch, dass sie »solch eine Ehefrau für ihren Sohn niemals hätten haben wollen«. Beide sind sich einig, dass es ohne den immensen Druck der Eltern nicht zu einer Heirat gekommen wäre. Sie sind überzeugt, dass die auffälligen Verhaltensweisen der Kinder auf die unglückliche Ehe und das »Nichtzusammenhalten« des Ehepaars zurückzuführen sind. Sie machen deutlich, dass sie bei sich als Paar und als Eltern zum Wohle der Kinder etwas verändern wollen. Herr und Frau K. haben bereits zwei Paartherapien hinter sich, die sie beide abgebrochen haben – beide Male aufgrund von Herrn K.s Argumentation, dass »das doch alles nichts bringt«. Er habe sich jedoch nochmals für eine Therapie entschieden, um das Bestmögliche zu tun, um die Ehe zu retten.

Im Laufe der Sitzungen erarbeiten Herr und Frau K. nachstehende Aufträge bzw. Zielvorstellungen: Beide stimmen dahingehend überein, dass sie ihre eigene Gesprächskultur verändern möchten, sie möchten weg von dem sich »gegenseitig anschreien«, hin zum »normalen Gespräch und Leben miteinander«. Sie wollen beide liebevolle Eltern sein. Die Sitzungen seien für sie dann hilfreich und zufriedenstellend, wenn sie ihre Gesprächskultur in den Sitzungen und anschließend auch in ihrem Familienalltag verändern könnten.

Durch zirkuläres Erfragen der erwünschten Ergebnisse zeigt sich, dass beide Personen ziemlich genau wissen, welche Vorstellungen ihr Partner bzw. ihre Partnerin hat. Zudem sind die Wünsche weitgehend identisch: Beide wollen eine Veränderung der Kommunikationsstrukturen auf Paarebene erreichen und sich in ihren Rollen als Mutter und Vater besser einfinden und adäquat agieren. Beide haben bereits den Glauben an die Liebe im Sinne einer erotischen, sexuellen Liebe und Beziehung aufgegeben. Sie möchten jedoch gern eine freundschaftliche Beziehung unterhalten, bis ihre Kinder unabhängig sind. Wenn sie eine liebevolle Freundschaft führen könnten, ohne den Anspruch einer erotisch-sexuellen Beziehung, wären sie zufrieden.

Auf Elternebene wünschen sie sich beide, dass sie ihre Kinder mehr lieben können als bisher. Beide wünschen sich Agape in ihrem Leben, eine liebevolle Haltung gegenüber den Kindern, zueinander und zur Welt. Die Mutter wünscht sich, die Kinder weniger zu schlagen und zu weniger »drastischen« Erziehungsmethoden zu greifen. Der Vater möchte die Erziehungsmaßnahmen der Mutter stärker unterstützen, sodass die verbalen und körperlichen Angriffe auf die Kinder ausbleiben. Beide wollen daran arbeiten, als Eltern eine »einheitliche Front« gegenüber den beiden Söhnen zu bilden, damit diese die Eltern nicht mehr gegeneinander ausspielen können.

Im Zusammenhang von einer Agape-Beziehung sollten die Kinder – so meinen die Eltern – sich dann »weniger aggressiv« verhalten. Beide fallen im Schulkontext bzw. zu Hause durch ein »hohes Aggressionspotenzial« auf und die Erziehenden in Kindergarten und Schule seien bereits sehr besorgt.

Beide Eheleute haben die Einstellung verinnerlicht, dass die jeweils andere Person sich ändern solle und dass die Sitzungen dazu genutzt werden sollten, sich gegenseitig im Veränderungswunsch zu unterstützen. Die Veränderungswünsche und die Grenzen der Veränderung bei sich selbst und dem Gegenüber wurden ausgiebig besprochen. Dabei stellte sich heraus, dass sich alle Familienmitglieder nach einem liebevollen Umfeld sehnen, das entstehen solle, auch wenn es keine Erosbeziehung zwischen dem Ehepaar mehr gebe. Zudem wird deutlich, dass die Eltern des Ehemannes, die im gleichen Dorf wohnen, wahrscheinlich unglücklich darüber wären, wenn die Ehe wieder besser funktioniere – zumindest nach Aussage der Ehefrau. Sie fügt hinzu, dass ihre Eltern hingegen eher froh darüber sein würden. Diese Aussage bestätigt der Ehemann. Seine Herkunftsfamilie sei schon bei der Hochzeit vor neun Jahren nicht einverstanden mit seiner Brautwahl gewesen. Im Blick auf das Paar ist Herr K. der Skeptische: Er ist sich nicht sicher, ob die Gespräche »noch etwas bringen« und ob »das alles noch zu retten ist«. Frau K. ist viel zuversichtlicher und meint, »das ist zwar viel Arbeit, jedoch ist noch alles möglich«.

4.4.3 Weitere Sitzungen

Das Paar durchlebt in jeder Sitzung eine ausgereifte Konfliktdynamik, die eingespielt und aggressiv wirkt. Ohne diesen starken Konfliktmechanismus, so die Hypothese, hätte sich das Paar bereits viel früher mit ihrer Ehe und den eigenen Bedürfnissen (nicht denen der Eltern) auseinandersetzen müssen. Die Konflikte, die auch teilweise die Kinder übernehmen, helfen dem Paar seit Jahren, die Ehe überhaupt noch aufrechtzuerhalten. Dabei verläuft die Konfliktdynamik komplementär und schaukelt sich in kürzester Zeit bis zur körperlichen Auseinandersetzung hoch.

Es wird bald erkennbar, dass Herr K. die Ehe nicht mehr retten möchte. Einerseits steht dahinter das Bedürfnis, den Eltern einen Gefallen zu tun und in ihrem Ansehen zu steigen, andererseits steht die Vermutung der Ehefrau im Raum, dass Herr K. bereits eine Geliebte habe, die nur auf die Scheidung warte, um ihn dann zu heiraten. Zudem ist Herr K. sehr harmoniebedürftig und geht Auseinandersetzungen möglichst aus dem Weg. Die Söhne haben sich innerlich loyal mit dem Vater und dessen Herkunftsfamilie erklärt und stehen auf der Seite der väterlichen Familie, die sich offen gegen die Ehefrau ausspricht.

Zu Beginn der nächsten Sitzung erstellt das Paar mit der Therapeutin gemeinsam ein Genogramm der Familie. Das Gespräch entwickelt sich zu einer Erörterung der Beziehungen zu den Herkunftsfamilien. Frau K. bekommt kaum Unterstützung von ihrer Familie, Herr K. erhält stattdessen große finanzielle und auch ideelle Unterstützung und wird besonders von seiner Mutter aktiv zur Trennung von seiner Frau aufgefordert. Herr und Frau K. stimmen in dieser Sichtweise überein.

Frau K. wünscht sich mehr Unterstützung im Haushalt und in der Sorgearbeit für die Kinder sowie ein abgestimmtes Auftreten des Paares gegenüber den Eltern und den Kindern. Herr K. meint, dass dies bereits der Fall sei, und möchte sich auch nicht von seinen Eltern lösen. Für ihn sei seine Mutter eine sehr wichtige Bezugsperson, die er nicht missen wolle.

Obwohl Herr K. anfangs äußerte, dass er sich trennen wolle, betonen beide nun ausdrücklich, dass sie sich nicht trennen wollen, sondern den Weg der Versöhnung und Liebe gehen möchten. Herr K. sagt, er sei bereit, auf einer Prozentskala bis zu 100 Prozent (meister Einsatz) 60 Prozent Energie in die Transformation der Beziehung hin zu einer Beziehung der Freundschaft und Liebe zu geben. Frau K. liegt bei 80 Prozent.

Weitere Themen der Sitzung sind der wiederkehrende Streit zu Hause und die Planung des Sommerurlaubs. Beide möchten sich wieder mehr aufeinander freuen können, gemeinsame Unternehmungen durchführen und zu einem Ende der ständigen Streitereien finden.

Beide erhalten die Hausaufgabe, ein Aufnahmegerät einzuschalten, wenn sie sich wieder einmal streiten, und den Streit aufzunehmen, wenn sie merken, dass der Streit beginne. Das Gerät sollen sie in der folgenden Sitzung mitbringen.

Die Sitzung einen Monat später zeigt, dass sich das Paar nach eigenen Aussagen mehr denn je streitet. Ansonsten habe sich nichts verändert. Die Hausaufgabe mit dem Aufnahmegerät hätten sie nicht durchführen können, dazu sei der Streit zu schnell eskaliert und Herr K. habe immer gleich das Haus verlassen und sei zu seinen Eltern gegangen. Insgesamt hätten sie sich wenig gesehen und daher habe sich nichts ändern können.

In dieser Sitzung möchte das Paar über sich in Beziehung zu ihren Kindern sprechen. Die beiden Jungen stehen auf der Seite von Herrn K. und bilden mit ihm eine Front gegen die Mutter. Herr K. liegt jede Nacht bei dem kleinen Sohn im Bett, da dieser nachts sonst nicht schlafen könne. In diesem Zusammenhang stellt sich heraus, dass beide Eheleute seit einigen Jahren nur noch nach der Einnahme von Schlaftabletten schlafen können. Herr K. ist deshalb bereits in Behandlung – er habe dies im Erstgespräch und in den Erstabfragen nicht erwähnt, da er bereits deswegen behandelt werde. Frau K. betont jedoch, dass sie nicht so viele Tabletten wie ihr Mann nehme und dies für sie keine Sucht sei, da sie den Tablettenkonsum im Griff habe. In der Sitzung wird zudem deutlich, dass auch die Eltern von Herrn K. tablettenabhängig sind. Seine enge Beziehung zu den Eltern ist ihm sehr wichtig und die gemeinsame Medikamentenabhängigkeit unterstreicht die starke Bindung zu seiner Familie. Zudem betont das Paar, dass Frau K. normalerweise die aktive Person in der Beziehung sei und oftmals flexibler und eher bereit, sich anzupassen und zu verändern. Herr K. hingegen sei eher passiv und wolle am liebsten keine Veränderung.

Das Paar bekommt für die nächste Sitzung die Aufgabe, nichts zu verändern, alles so zu lassen, wie es ist, und sich auf die bevorstehende Trennung gut vorzubereiten. Das Paar zeigt sich am Ende der Sitzung angesichts dieser Abschlussintervention ziemlich geschockt. Herr K. beschwert sich bitterlich und bezweifelt, dass es in Richtung Trennung gehe, als er den Raum verlässt. Sie sagt, sie hoffe, dass ihr Mann endlich merken würde, wie sehr er sie vermisse, wenn sie in den nächsten Monaten wieder anfinge, mehr zu arbeiten.

Therapeutin und Ehepaar verbleiben mit der Vereinbarung, dass das Paar sich nach dem Sommerurlaub wieder melden will, was dann jedoch nicht passiert.

Herr K. meldet sich nach fünf Monaten Beratungs- und Therapiepause telefonisch und teilt mit, dass die Entscheidung nun feststehe. Der erhöhte Erwerbsarbeitsumfang seiner Frau habe bei ihr zu der Entscheidung geführt, sich von ihm zu trennen und sich scheiden zu lassen. Er wolle eigentlich keine Trennung, würde aber die Entscheidung mittragen. Die Liebe aufseiten seiner Frau sei nun endgültig verloren.

Beide kommen zur Sitzung eine Woche nach dem Telefonat. Herr K. trägt die Entscheidung seiner Frau vor. Diese interveniert und sagt, sie wolle sich nun doch nicht mehr trennen, da Herr K. sich seit ihrer Scheidungsankündigung verändert habe und nun alles besser sei.

Herr K. ist außer sich vor Ärger und sagt, es sei für ihn jedoch nicht mehr möglich, sie zu lieben. Er wolle sich trennen und habe sich nun seit Wochen innerlich auf die Trennung von seiner Frau eingestellt. Herr K. möchte die Scheidungsfragen hier nun in der Sitzung klären, da es für ihn kein Zurück mehr gebe. Frau K. bricht zusammen und verlässt schreiend den Raum.

Das Paar kommt eine Woche später zum Abschlussgespräch. Seit der letzten Sitzung habe sich nichts verändert. Herr K. wolle weiterhin die Trennung, Frau K. wolle die Ehe. In der Sitzung werden noch einmal der gesamte Prozess und der gemeinsamen Eheverlauf reflektiert bis hin zur Besprechung der Fragen, wie es nun in den nächsten Jahren mit dem Paar und den Kindern weitergehen kann.

4.5 Best Practices im Umgang mit Liebe

Die Sitzungen beginnen jeweils mit Zielfragen und Erwartungsabfragen für die jeweilige Stunde. Zudem werden die Hausaufgaben fomuliert, die das Paar bis zur nächsten Sitzung bearbeiten soll, und es wird besprochen, welche Dinge sich verändern oder auch nicht. Dabei erweisen sich das aktive Zuhören, das Reframing und das zirkuläre Fragen als besonders wichtig in der Paartherapie und -beratung (Simon u. Rech-Simon, 2021).

In Sitzungen mit Liebespaaren und Familien kann sich die Arbeit mit dem Genogramm als wichtige Unterstützung erweisen (Butler, 2008; Cuartas, 2017). Der Einsatz des Familienbretts kann oftmals unausgesprochene Einsichten in die Beziehungskonstellationen vermitteln (Schiepek u. Schweitzer-Rothers, 2021).

Die Liebe durchläuft oft in Paarkonstellationen unterschiedliche Phasen und sie ist verknüpft mit anderen Themen, die sich stärkend oder aber auch schwächend auswirken können (Johnson, 2019). Johnson hebt hervor, dass oftmals die Liebe verloren geht, wenn die Urangst Oberhand bekommt, die im Zusammenhang der Erfahrung des Liebesverlustes steht. Liebe kann geschwächt werden, wenn negative Dialoge entstehen, Schlüsselmomente bezüglich Bindung und Distanzierung unverstanden und unausgesprochen bleiben. In der Paartherapie ist es wichtig, auf die Ansprechbarkeit der Personen, ihre Responsibilität und ihr emotionales Engagement einzugehen (Johnson, 2019, S. 51) und negative Dialoge zwischen den Partner*innen zu verändern. Des Weiteren verweist Johnson (2019) darauf, dass es wichtig ist, die wunden Punkte des Gegenübers zu verstehen und sich darüber auszutauschen, Verbindung zu schaffen, die gegenseitigen Einflüsse aufeinander anzuerkennen und die Ängste wahrzunehmen und diese konstruktiv zu bearbeiten. Schließlich sollten die Bedürfnisse der Partner*innen besprochen werden, die Bedeutsamkeit von Sexualität und Körperkontakt sollte erlebt und Momente der Verbundenheit und der Trennung sollten zelebriert werden. Schließlich ist es wichtig, Liebesgeschichten über den Beginn der Liebe, ihren Verlauf und ihre Zukunft zu verfassen.

Grundlegend kann davon ausgegangen werden, dass es erforderlich ist, Verletzungen in Liebesbeziehungen zu bearbeiten und idealerweise zu vergeben (Johnson, 2019). Vergebung ist ein wichtiger Aspekt in der Beziehung zu anderen und notwendig, um eine Beziehung dauerhaft, positiv und konstruktiv zu führen (Bierhoff u. Rohmann, 2016). Die Fähigkeit, zu vergeben, stärkt in Liebesbeziehungen sowohl die Beziehungs- als auch die Lebenszufriedenheit (Peterson, Ruch, Beermann, Park u. Seligman, 2007; Seligman, 2011) und trägt somit zu einer langen Liebesbeziehung, aber auch zur Zufriedenheit und zur mentalen Gesundheit der Personen bei (Worthington, 2001; 2005; Worthington u. Scherer, 2004). Dies gilt es bei der Auswahl der systemischen Interventionen gerade in Paarbeziehungen nicht zu vergessen.

4.6 Reflexionsfragen

Die folgenden Fragen können im Zusammenhang mit Liebe aus kulturellen und systemischen Denk- und Handlungsperspektiven in systemischer Therapie und Beratung reflektiert werden:
- Wie sehen Sie die Liebe? Was ist die Liebe für Sie?
- Welches Konzept von Liebe ist Ihnen vertraut?
- In welchen Zusammenhängen lieben Sie am meisten, in welchen am wenigsten?
- Wie kommen Paare auf eine gute Art und Weise von der Verliebtheit zur Liebesbeziehung?
- Wie genau sieht die große Liebe Ihres Lebens aus?
- Wie bewerten Sie die Unterscheidung zwischen Eros, Philia und Agape?
- Wie erleben Sie die Liebe in Therapie und Beratung? Wie hängen Empathie, altruistische Liebe und Therapie aus Ihrer Sicht zusammen?
- Welche Rolle spielt die Liebe für Sie über Ihre Lebenszeitspanne hinweg betrachtet und wie verändert sie sich im Blick auf die unterschiedlichen Lebensphasen?
- Welche Erfahrungen haben Sie hinsichtlich der Liebe aus unterschiedlichen kulturellen Perspektiven?
- Wie verstehen Sie interkulturelle Liebe?
- Wie arbeiten Sie mit Individuen, Paaren, Familien im Hinblick auf die Liebe?

- Welche Interventionen benutzen Sie, wenn es um Liebe geht, und welches sind Ihre Lieblingsinterventionen?
- Wie kann Liebe verstärkt, verringert, verändert werden?
- Wie arbeiten Sie virtuell und interkulturell mit Familien, Paaren, Systemen und der Liebe, die sich in globalen Netzwerken zeigt?

Abschließend reflektieren Sie, wie das Thema »Liebe« in Ihrer systemischen Therapie und Beratung vorkommt und wie Sie damit umgehen.

5 UNTER DER OBERFLÄCHE: SYSTEMPSYCHODYNAMIKEN DURCHSCHAUEN

> »Das Schicksal liegt nicht im Menschen,
> sondern umgibt ihn.«
> Albert Camus (zit. nach Hildenbrand, 2018)

5.1 Einleitung: Systempsychodynamische Ansätze und Theorien

Systempsychodynamische Perspektiven sind in der psychologischen und interdisziplinären Forschung in den vergangenen Jahren recht populär geworden. Sie konzentrieren sich auf die Untersuchung bewusster und unbewusster systemischer, dynamischer, kognitiver, affektiver und symbolischer Verhaltensweisen, die sich auf Mikro- (Individuum), Meso- (Gruppe) und Makroebene (Organisation) manifestieren (Koortzen u. Cilliers, 2002). Dabei bieten systempsychodynamische Theorien einen Weg, um systemische Strukturen (Steyn u. Cilliers, 2016) und den Einfluss von Affekten in Teams, Gruppen und Organisationen besser zu verstehen (Dashtipour u. Vidaillet, 2017).

Laut Amy Fraher (2002) ist die Systempsychodynamik ein interdisziplinäres Feld, das drei Disziplinen integriert: die Praxis der Psychoanalyse, die Theorien und Methoden der Gruppenbeziehungen und die Perspektive offener Systeme. Frühe Ideen stammen unter anderem von Sigmund Freud und Melanie Klein (Psychoanalyse); Wilfred Bion, A. K. Rice, Kurt Lewin und Eric Trist (Gruppenbeziehungen und Sozialpsychologie) sowie Andras Angyal, Ludwig von Bertalanffy und später Russ Ackoff, Ross Ashby und Einar Thorsrud (Theorie offener Systeme). Aufgrund ihrer psychoanalytischen Grundlagen befasst sich die Systempsychodynamik unumwunden mit dem Unbewussten. Die Systempsychodynamik wurde dann am Tavistock Institute in London weiterentwickelt (Brunner, Nutkevitch u. Sher, 2006). Sie kann definiert werden als die Untersuchung unbewusster Muster von (Arbeits-)Beziehungen und deren Einfluss auf Führung und Autorität, Aufgaben- und Rollenbildung, Konflikte und Grenzen im Führungssystem (Colman u. Bexton, 1975; de Board, 2014).

Systeme, in diesem theoretischen Kontext, beziehen sich auf die strukturellen Aspekte einer Organisation oder Institution (Gould, Stapley u. Stein, 2001), die sich beispielsweise in der Operationalisierung von Organisation, Arbeitsteilung, Verfahren, Prozessen, Autoritätsebenen und Berichtsbeziehungen widerspiegeln. Psychodynamik bezieht sich auf die psychoanalytischen Perspektiven und ihre unbewussten individuellen, gruppenbezogenen (sozialen) und organisatorischen Erfahrungen und mentalen Prozesse als Quelle und Folge verdrängter organisatorischer Verhaltensweisen auf Basis tiefenpsychologischer Organisationstheorie (Gould et al., 2001) und einer Organisationsentwicklungsberatungs- und Coaching-Haltung mit Schwerpunkt auf Führung und Autorität (Armstrong, 2005).

Die systempsychodynamische Theorie geht dabei auf die folgenden Ansätze zurück:

Soziale/Systemische Psychoanalyse

Diese Sichtweise (Freud, 1921) untersucht das Bewusstsein und das Unbewusste und seine Manifestationen im Es (unbewusste Triebe und Instinkte), im Ich (Verarbeitung von Logik, Gedächtnis und Urteilsvermögen) und im Über-Ich oder Gewissen (das sich mit der Befolgung von Moral und sozialen Normen beschäftigt).

Objektbeziehungen

Diese Sichtweise (Clarke, Hahn u. Hoggett, 2008; Klein, 1997) untersucht die Art und Weise, wie bedeutsame frühkindliche Verbindungen zu Objekten (eine Person, eine Gruppe, eine Organisation, eine Idee oder ein Symbol) das Verhalten des Individuums während des gesamten Erwachsenenalters in seiner Repräsentation (z. B. die verinnerlichte Mutter/der verinnerlichte Elternteil) weiterhin beeinflussen. Der Säugling unterteilt die Außenwelt in einen guten Teil, der mit der Mutter assoziiert wird, die ihn ernährt und tröstet (die »gute Brust«, die für Liebe oder Libido steht), und einen schlechten Teil, der dem Kind Nahrung und Trost verweigert (die »schlechte Brust«, die für Aggression oder Morbido steht) (Klein, 1997). Die Familie kann als eine Organisation mit einer Hierarchie und emotionaler Komplexität betrachtet werden (Czander, 1993). Die in den ersten fünf Lebensjahren des Individuums gebildeten Objektbeziehungen (z. B. zu den elterlichen Figuren) werden unbewusst auf Autoritätspersonen in der Schule und später in Organisationen übertragen. Winnicott (2006) bezieht sich auf Übergangsobjekte und den potenziellen Raum als Konzepte, um die Repräsentation von wertvollen Bindungen im Unbewussten zu verstehen.

Theorie der offenen Systeme

Ein System wird definiert als ein komplexes, organisiertes, einheitliches Ganzes, das sich aus zwei oder mehr voneinander abhängigen Teilen, Komponenten oder Subsystemen zusammensetzt und durch identifizierbare und durchlässige Grenzen von seiner äußeren Umgebung abgegrenzt ist (Cytrynbaum u. Noumair, 2004). Beispiele hierfür sind Familien und Organisationen, die aus einer Reihe miteinander verbundener Teile bestehen, die mit anderen Objekten und Systemen interagieren. Zusammenhänge bedeuten, dass ein System Energie und Informationen von außerhalb importiert, diese Energie und Informationen auf irgendeine Weise umwandelt und die umgewandelten Ergebnisse dann wieder in das äußere System exportiert (Colman u. Bexton, 1975).

Soziale Systeme

Diese Sichtweise (Menzies, 1993; Winnicott, 2006) untersucht soziale Abwehrsysteme und ihre Rolle bei der Eindämmung von Ängsten im Namen des Gesamtsystems.

Theorie der Gruppenbeziehungen

Bion (1961) definiert diese Theorie als die Dynamik von Gruppen und Organisationen und ihrer bewussten (meist rationalen) und unbewussten (meist irrationalen) Verhaltensweisen. Im Gegensatz zur Psychoanalyse liegt der Schwerpunkt nicht nur auf dem Individuum (Dimitrov, 2008), sondern auf der Gruppe-als-Ganzes-Perspektive, die impliziert, dass die Mitglieder in ständigen wechselseitigen Beziehungen stehen, wobei die Gruppe ein Eigenleben als Folge der Fantasien und Projektionen ihrer Mitglieder entwickelt (Cytrynbaum u. Noumair, 2004; Stapley, 2006). Es wird davon ausgegangen, dass das individuelle Verhalten im Namen des größeren

Systems ausgeführt wird. Individuelle Prozesse der Bedeutungsgebung führen zu einem Zustand der Verbundenheit mit anderen, der in gegenseitigem Einfluss und kollektivem Denken gipfelt.

In systempsychodynamischen Prozessen wird angenommen, dass Systemdynamiken bestimmte Abwehrmechanismen auslösen, um mit den grundlegenden Ängsten in Systemen umzugehen und diese unbewusst einzudämmen. Die Dynamiken werden somit als gruppenbasierte Abwehrmechanismen verstanden, welche die folgenden Dynamiken nach Blackman (2004) einschließen:
- Spaltung
- Projektion
- projektive Identifikation
- Idealisierung

Nach Steyn und Cilliers (2016) gibt es zudem fünf mögliche Gruppenverhaltensreaktionen zur Bewältigung von Angst im System:
- Beziehung zu einer imaginären fürsorglichen elterlichen Figur
- Zusammenschluss von Individuen und/oder mächtigen Objekten, um den Schmerz der Angst zu bewältigen
- Kampf oder Flucht vor einem (imaginären) Feind
- Einheit oder Wir-Gefühl, um Individualität zu schaffen, während man sich in einer Gruppe zusammenschließt, um Gesundheit zu erfahren
- Ich-Gefühl in Form von Kündigung oder Loslösung von der Gruppenzugehörigkeit, um mit emotionalen Anforderungen fertig zu werden

Diese Verhaltensreaktionen werden im Folgenden kurz erklärt, da sie theoretische Grundlagen für die systemische Therapie und Praxis bieten und auf Basis ihrer Interpretationen neue Ideen der Verhaltensweisen für Individuen entstehen können.

5.2 Abwehrmechanismen in Systemen

Die Theorie der Systempsychodynamiken bietet theoretische Ansätze, die vor allem psychoanalytisch begründet sind. Die Theoretiker*innen versuchen, die Erfahrungen, Prozesse, Gefühle und das Verhalten von Gruppen zu verstehen, indem sie die Analyse und Interpretation bewusster und unbewusster Prozesse und Strukturen einbeziehen (Steyn u. Cilliers, 2016).

Vor allem geht es dabei um das Verstehen von Emotionen und Unsicherheiten im System. Wenn das System nicht in der Lage ist, negativ bewertete Emotionen, wie beispielsweise Angst, aufzugreifen und zu kontrollieren, dann werden Individuen innerhalb des Systems zu »Containern«. Sie fangen somit die Emotionen, die im System florieren, ein und werden dadurch unbewusst vom System absorbiert. Nehmen Emotionen überhand, so werden sie möglicherweise auf ein Objekt innerhalb des Systems projiziert, um das Unerträgliche zu verringern (Motsoaledi u. Cilliers, 2012).

Angst treibt häufig unbewusste und bewusste Dynamiken innerhalb von Systemen an, die sich auf das Verhalten, weitere Emotionen und die Gedanken auswirken (Klein, 2005). Entsprechend werden dann Ohnmacht, Lähmungsgefühle und Angst abgewehrt (Sievers, 2009). Wenn Emotionen unterdrückt werden, treten Abwehrmechanismen auf, wie Spaltung, Projektion, Idealisierung, Rationalisierung, Vereinfachung und Verleugnung (Blackman, 2004). Diese können dann zu Konflikten führen. Sie werden im Folgenden kurz dargestellt.

Spaltung (Splitting)

Spaltung beschreibt eine Dynamik, bei der Menschen aufgrund unbewusster Ängste nicht in der Lage sind, sich selbst und andere als Einheit oder als zusammenhängendes Ganzes zu sehen (Klein, 1997). Sie führt zu einem Alles-oder-nichts-Denken. Dabei spaltet das Individuum unerwünschte Gefühle, Gedanken oder Erfahrungen ab, die es nicht zu schätzen weiß oder die es ablehnt, und es zeigt sich eine Dynamik von Inklusion und Exklusion (Cilliers u. Smit, 2006). Die Grenzen dieser Spaltungen können entlang unterschiedlicher Gruppenzugehörigkeiten verlaufen, wie nationaler Zugehörigkeit,

Alter, berufliche Fähigkeiten, Gender oder anderer wahrgenommener Unterschiede (Shemla, Meyer, Greer u. Jehn, 2014). In diesem Fall spaltet das System Teile auf, die nicht erreichbar sind, und projiziert sie auf »den Anderen«. »Der Andere« enthält die unerwünschten Teile, bis das System an Stärke gewinnt und in der Lage ist, mit dem Phänomen selbst umzugehen (Cilliers u. Smit, 2006).

Projektion (Projection)

Die Projektion bezieht sich auf die Projektion von unerwünschten Gefühlen, Gedanken, Erfahrungen, Einstellungen oder Anteilen – die unbewusst dem System innewohnen – auf ein Objekt im System. Die projizierende Person kommt mit einem bestimmten Teil nicht zurecht und projiziert ihn daher auf ein anderes Objekt im System. Dabei nimmt die Person an, dass dieser Teil zum anderen und nicht zum eigenen Selbst gehört (Huffington, Armstrong, Halton, Hoyle u. Pooley, 2004). Oft werden Kindheitserfahrungen auf aktuelle Erfahrungen projiziert (Klein, 1997).

Projektive Identifikation (Projective Identification)

Auf der Grundlage der Projektionen dringen die unerwünschten Teile des*der Projektor*in in das psychologische System des Gegenübers ein, und der*die Empfänger*in beginnt, sich mit den Projektionen zu identifizieren, wodurch ein Prozess der projektiven Identifikation entsteht (Cilliers u. Smit, 2006). Die empfangende Person beansprucht das Eigentum an den projizierten Teilen und die projizierende Person glaubt, dass die Projektionen Teil der empfangenden Person sind, während sich das Verhalten der empfangenden Person entsprechend den Bedürfnissen der projizierenden Person ändert (Campbell u. Huffington, 2008).

Introjektion (Introjection)

Der Abwehrmechanismus der Introjektion beschreibt eine Dynamik, bei der das Individuum ein Objekt benötigt, mit dem es sich identifizieren und Projektionen verinnerlichen und eindämmen kann (Fraher, 2004). Dabei repliziert das Individuum innerlich Verhaltensweisen, Eigenschaften oder andere Fragmente der Umwelt oder der umgebenden Welt (Cilliers, 2012). Während dieses Prozesses nimmt das Individuum Erfahrungen aus der Außenwelt in sein Selbst auf, ohne sich des gesamten Systems bewusst zu sein (Cilliers u. Greyvenstein, 2012). Durch Introjektion (im Sinne von Verinnerlichung) werden Erfahrungen aus der Vergangenheit, zum Beispiel aus der Herkunftsfamilie, übertragen.

Rationalisierung (Rationalisation)

Rationalisierung und Intellektualisierung liefern dem Individuum intellektuelle Erklärungen für die psychodynamischen Mechanismen des Systems, etwa für die Spaltung oder Projektion, und für das eigene Verhalten (Cilliers u. May, 2010).

Idealisierung (Idealisation)

Ein weiterer Abwehrmechanismus ist die Idealisierung, bei der Personen innerhalb des Systems ein Element oder eine Person idealisieren, wie beispielsweise eine imaginäre fürsorgliche elterliche Figur (Steyn u. Cilliers, 2016). Die Idealisierung basiert häufig auf idealisierten (symbolischen) Interaktionen oder auf idealisierten, imaginierten Figuren.

Vereinfachung (Simplification)

Die Vereinfachung ist auch ein Abwehrmechanismus, der mit Konzepten arbeitet, die in ihrer Komplexität und ihrem Verständnis reduziert sind, basierend auf einem vereinfachten Bild der Welt, des Phänomens oder des Systems (Cilliers u. Terblanche, 2010).

Verleugnung (Denial)

Die Verleugnung dient dem Ausschluss eines nicht akzeptierten Systemteils, also entweder einem Teil des Selbst oder der Gruppe, einer Erfahrung oder eines Verhaltens. Die Abwehr besteht darin, dass man die Vorstellung anwendet, dass dieser Teil nicht mehr existiert. Durch diesen – oftmals unbewussten – Abwehrmechanismus bleibt der verdrängte Teil im Unterbewusstsein des Selbst und des Systems bestehen und manifestiert sich. Daher ist die Verleugnung in der Regel nur eine vorübergehende Lösung, da sie im System an anderer Stelle wieder auftaucht (Stapley, 1996).

5.3 Umsetzung dieser Theorien in Therapie und Beratung

In Therapie und Beratung setzen sich Therapeut*innen und Klient*innen mit Herausforderungen und Problemen auseinander, die über die Lebenszeitspanne hinweg geschehen und entsprechend dem Lebensalter und dem Lebenszyklus in unterschiedlichen systemischen Kontexten variieren. Die systempsychodynamischen Perspektiven fördern das Verständnis der Dynamik zwischen Individuen und systemischen Elementen und können zu einem tieferen Verständnis der unbewussten Dynamiken innerhalb von Individuen und Systemen, wie der Umwelt, der Familie, Organisationen oder aber auch der Gesellschaft, beitragen (Cilliers, 2004).

Durch die Fokussierung auf die unbewussten Dynamiken zwischen dem Individuum und den umgebenden Systemen ergeben sich neue Erkenntnisse über die unbewussten und oftmals latenten Dynamiken, die zu bestimmten Denkmustern und Verhaltensdynamiken führen können. Das Wissen um und über diese theoretischen Zusammenhänge kann Therapeut*innen und Berater*innen einen Einblick in die Geschehnisse in Systemen und ein tieferes Verständnis aus unterschiedlichen systempsychodynamischen Perspektiven geben.

Als eine Beratungs- und Coaching-Haltung bieten die systempsychodynamischen Haltungen einen entwicklungsorientierten, psychoedukativen Prozess für das Verständnis des tiefen und verborgenen Verhaltens im System (Klein, 2005; Sher, 2013). Die Hauptaufgabe der Dynamiken besteht darin, die Grenzen des Bewusstseins zu verschieben, um die unbewusste Bedeutung des systemischen Verhaltens in der Gesellschaft und ihren Organisationen besser zu verstehen (Armstrong, 2005). Systempsychodynamische Theorien gehen weiterhin davon aus, dass die Systeme sozial konstruiert sind und dass die Makro-, Meso- und Mikrosysteme einander spiegeln und das System als Ganzes nach einem Gleichgewicht zwischen Bewusstsein/Unbewusstsein, rationalem/irrationalem Verhalten, Einschluss/Ausschluss und Bindung/Loslösung strebt (Campbell u. Huffington, 2008).

Angst wird als das zentrale Verhaltenskonzept in der systempsychodynamischen Beratung und Therapie angesehen; sie dient

als treibende Kraft für systemische Beziehungen und manifestiert sich wie folgt auf allen systemischen Ebenen (Armstrong u. Rustin 2015). Dabei wird die Angst in folgende Kategorien eingeteilt:
- frei schwebende Angst (nicht an ein bestimmtes Objekt gebunden)
- Überlebensangst (körperliche oder emotionale Bedrohung)
- Leistungsangst (Ausführung einer Aufgabe unter erlebten Angriffen wie Kritik)
- Verfolgungsangst (Gefühl des Opfers)
- paranoide Angst (Gefühl der Bedrohung) (Long, 2008)
- depressive Angst (Curtis, 2015)

Das System bewältigt die Angst durch den Einsatz von Abwehrmechanismen (Blackman, 2004), die auf Schutz und Überleben abzielen und die bereits oben genannt wurden. Die Abwehrmechanismen lassen sich in realistische (reale Gefahr, auf die reagiert werden muss), neurotische (Verdrängung, Regression, Sublimierung, Übertragung, Gegenübertragung), psychotische (Spaltung, Projektion, projektive Identifikation) und perverse (Realitätsverweigerung, berechtigtes Verhalten, Verdrängung von Objekten) einteilen (Long, 2008).

In der systemischen Therapie und Beratung wird die Angst zu einem bewussten Teil, mit dem die Klient*innen lernen können umzugehen. Ein erster Schritt ist dabei, die systempsychologischen Dynamiken zu erkennen, sie auf neue Arten und Weisen zu sehen und wenn möglich zu einem gewissen Anteil zumindest zu verstehen. Die eigene Rolle in diesen Dynamiken und die eigenen Abwehrmechanismen können und sollten dabei erkannt werden, um sie dann entsprechend zu verändern.

5.4 Systempsychologische Dynamiken und systemisches Denken

Die systempsychodynamischen Theorien bieten für die systemische Praxis in Beratungs- und Therapiekontexten wichtige Perspektiven und Modelle, die Therapeut*innen und Berater*innen anwenden können. Eines dieser Modelle ist das sogenannte CIBART-Modell. Das CIBART-Modell ist ein sechsdimensionales Modell, dass die folgenden Systemaspekte einbindet: 1. Conflict (Konflikt); 2. Identity (Identität), 3. Boundary (Grenzen), 4. Authority (Autorität), 5. Role (Rolle) und 6. Task (Aufgabe). Das Modell ermöglicht es sowohl Forschenden als auch Praktiker*innen, die Dynamik von intra- und interpersonellen Konflikten in und zwischen Individuen, Gruppen und Organisationen zu untersuchen und zu diagnostizieren (Cytrynbaum u. Noumair, 2004).

Die einzelnen Teilbereiche von CIBART werden wie folgt verstanden:

Konflikt (Conflict)

Konflikte entstehen durch die für das Arbeitsumfeld charakteristische Unruhe und die Darstellung der guten und schlechten Teile des Systems durch die Mitarbeitenden (Cilliers u. Koortzen, 2005). Diese können auch innerhalb des Selbst, zwischen dem Selbst und anderen, innerhalb von Gruppen und zwischen Gruppen erlebt werden (Koortzen u. Cilliers, 2007). Konflikte dienen dabei als treibende Kraft für die Ausführung, den Erfindungsreichtum, die Entwicklung und die Anpassung an Veränderungen in Gruppen (Mayer, 2008). Konflikte lösen in Systemen oftmals Angst aus, die sich intra- und interpersonal manifestiert und sich auf Führung, Rollenbildung, Konfliktidentitätsgrenzen etc. als unbewusste Entwürfe innerer Widerstände, wie Kampf- oder Fluchtreaktionen, auswirkt (Koortzen u. Oosthuizen, 2012). Typischerweise ist ein Ergebnis der unbewussten Dynamik, sich sicher zu fühlen und stärker wahrzunehmen (Bion, 1961). Die Person versucht, das Unbehagen zu reduzieren, indem sie sich in Kleingruppen zusammenschließt, um kleinere, scheinbar sicherere Systeme zu konstruieren (Mayer, Oosthuizen, Tonelli u. Surtee, 2018a; Mayer, Tonelli, Oosthuizen, Surtee, 2018b).

Identität (Identity)

Identität spiegelt die Einzigartigkeit des Systems im Rahmen seiner Überzeugungen, Dispositionen, Standpunkte oder sozialen und politischen Ansichten wider (Hayden u. Molenkamp, 2004). Die Identität bezieht sich auf die Integration der oben genannten Aspekte, nämlich die Einzigartigkeit des Systems durch seine mentalen Eigenschaften (Campbell u. Grønbæk, 2006), wie die Art des Rollenverhaltens der

Führungskraft und das Branding, das Klima und die Kultur des hierarchischen Systems (Oosthuizen u. Mayer, 2019).

Grenzen (Boundary)

Grenzen sind Räume physischer und psychologischer Natur (Reciniello, 2014), über die in einem System verhandelt wird und die innerhalb und zwischen Organisationen existieren (James u. Huffington, 2004). Grenzen beeinflussen die Gefühle und verweisen auf die Kontakte und Abgrenzungen des Individuums im System. Sie dienen der emotionalen Sicherheit und Kontrolle (Cilliers u. Koortzen, 2005).

Autorität (Authority)

Autorität ist nach Obholzer (2001, S. 201) das Produkt von Organisation und Struktur, sei es von außen, wie bei der Sanktionierung durch die Organisation, oder von innen, wie bei der inneren Autorität. Diese Autorität wird im Rahmen der zwingenden Erledigung der wesentlichen Aufgabe oder geteilter Aufgaben (Eisold, 2004) und beim Treffen offizieller Entscheidungen für sich selbst und andere eingesetzt (Beck u. Visholm, 2014). Diese Autorität kann »von oben« vom Management oder »von unten« von den Untergebenen oder »von innerhalb« der Gruppe (Selbstautorisierung) oder von anderen Gruppen gegeben werden. Autorität bezieht sich in diesem Sinne auf das Recht, die wesentliche Aufgabe auszuführen, die formal durch das System autorisiert ist, das durch Führungskräfte von oben, Kolleg*innen von der Seite, Untergebene von unten und durch die Arbeitnehmer*innen selbst von innen vertreten wird (Cilliers u. Koortzen, 2005).

Rolle (Role)

Die Rolle einer Person bezieht sich auf die Darstellung der Verpflichtungen, Pflichten und Aufgaben innerhalb eines bestimmten Rahmens (Hayden u. Molenkamp, 2004). Es gibt oftmals formelle und informelle Rollen, die entweder von einer Person selbst oder von anderen Personen zugeschrieben werden. Es werden drei Arten von Rollen unterschieden:
- die normative Rolle, die sich auf die Stellenbeschreibung und den Inhalt bezieht

- die existenzielle Rolle, die sich darauf bezieht, wie das Team glaubt, seine Aufgaben zu erfüllen
- die phänomenale Rolle, die sich auf das bezieht, was sich aus dem meist unbewussten Verhalten anderer gegenüber dem Team ableiten lässt

Eine Inkongruenz zwischen diesen unterschiedlichen Rollen führt oftmals zu Ängsten und unzureichender Ausführung (Steyn u. Cilliers, 2016).

Aufgabe (Task)
In Gruppen und Organisationen, haben Menschen normalerweise Aufgaben zu erfüllen, die in Haupt- und Nebenaufgaben sowie Off-Task- und Anti-Task-Verhalten eingeteilt werden können (Cytrynbaum u. Noumair, 2004).

Für die systemische Therapie und Beratung bietet das CIBART-System eine wichtige Blickrichtungen auf die Mensch-Organisations-Systemdynamiken, vor allem aber auch ein neues Verständnis und neue Umgangsmöglichkeiten mit unterschiedlichen Formen von Ängsten auf Basis der Kombination von psychoanalytischen und systemischen Interpretationen. Lösungen in der systemischen Praxis können somit in den theoretischen Modellen und ihrer Anwendung in der systemischen Therapie und Beratung liegen und Therapeut*innen können mit den Klient*innen neue Perspektiven auf Basis dieser theoretischen Annahmen verstehen, die Erfahrungswelt des Individuums neu erschließen (Bateson, 1987) und ihre gruppendynamischen Einbindungen auf neue Art und Weise sichtbar werden lassen, da neue Perspektiven systempsychodynamischer Art und Weise entstehen (Maturana, 1998), die neue Lösungen für die Klient*innen ableiten lassen (de Shazer, 2004).

5.5 Ein Anwendungsbeispiel

Aufgrund eines Konflikts in ihrem Arbeitsumfeld kam die Klientin in die systemische Therapie und Beratung. Sie verlangte nach einer Beratung, die ihr neue Einblicke verschaffen sollte in die Dynamiken, die sich in dem Unternehmen abspielten.

Als sie zur Beratung kam, war sie gerade auf eine neue Stelle innerhalb Deutschlands versetzt worden. Sie hatte einige Jahre im Ausland gearbeitet und war nun in das Headquarter der Firma zurückgekehrt. Sie war seit fast einem Jahr in ihrer neuen Stelle und erzählte, dass sie in dem Unternehmen seit ihrer Ankunft von einem Kollegen gemobbt werden werde. Dies ging so weit, dass sie überlegte, ob sie überhaupt noch weiter in der Position arbeiten wollte. Die Klientin erklärte, dass sie von der Beraterin einen »äußeren Blick« auf die Situation erwartete und verstehen wollte, worum es eigentlich ging. Sie erzählte, dass sie, als sie in der Firma angefangen hatte, immer wieder von einem – ihr hierarchisch untergeordneten – Kollegen angesprochen worden war, der ihr anfangs wiederholt erklärte, dass er eine neue Freundin haben wollte. Dieser Kollege war nach eigenen Aussagen Single und damit sehr unglücklich. In den vergangenen Monaten hatte er immer wieder das Büro der Kollegin aufgesucht, er hatte ihr sogar einen Heiratsantrag gemacht, den die Klientin dankend abgelehnt hatte.

Die Klientin rationalisierte für sich, dass sie diese Äußerung als einen freundlichen Akt der Verbindung mit ihr, als Ausdruck der Wertschätzung, als einen Akt des Small Talks und einen Versuch, Kontakt herzustellen, ansehen sollte. Dennoch hatte sie dabei kein gutes Gefühl. Sie intellektualisierte die Situation und die Aussage des Kollegen, fühlte sich aber stetig unwohl in seiner Nähe und hatte Angst vor Übergriffen, wenn sie allein abends im Büro arbeitete und der besagte Kollege ebenso im Büro anwesend war.

Aus einer systempsychodynamischen Perspektive zeigten sich die Reduktionierung, Simplifizierung und Idealisierung der Kollegin als Frau (Klein, 2009; Cilliers u. Smit, 2006).

Die Klientin fühlte sich als Vorgesetzte nicht ernst genommen und erlebte die Kommunikation als sexualisiert. Schließlich sprach sie mit dem Kollegen und erklärte ihm, dass sie kein Interesse an einer Beziehung habe und gern als Vorgesetzte respektiert werden wolle. Der Kollege reagierte extrem ärgerlich und wütend und die Klientin versuchte ab diesem Zeitpunkt, dem Kollegen vollständig aus dem Weg zu gehen. Somit ging sie in die Vermeidung und Verleugnung (Stapley, 1996) und tat so, als ob der Kollege nicht existierte. Sie zeigte somit eine Grenze auf und schützte ihr persönliches Handlungsfeld. Dies machte den Kollegen so wütend, dass er sie in Sitzungen mit Kolleg*innen öffentlich angriff, sie beschuldigte, keine Kompetenzen zu haben, und sie vor versammeltem Board als lächerlich darstellte. Da die anderen Mitglieder des Boards der Firma auch alle männlich waren, fühlte sich die Klientin allein, ausgegrenzt und »verloren«. Es zeigte sich eine Spaltung zwischen ihr als weiblicher Führungskraft auf der einen Seite und den männlichen Führungskräften und Kollegen auf der anderen. Sie begann starke Selbstzweifel zu entwickeln und wusste nicht mehr, ob sie wirklich nicht genügend Kompetenzen hatte, ihre Rolle als Führungskraft zu erfüllen. Für sie selbst wurde der Konflikt zudem zu einem Identitätskonflikt, da sie nicht auf das »Frausein« reduziert werden wollte, gleichzeitig jedoch eine weibliche Führungskraft war, die im Unternehmen bei den Kollegen als »Quotenfrau« galt. Der Konflikt nahm folglich die Dimension eines identitätsbasierten Konflikts an, einschließlich Rollenverwirrung und Rekonstruktion (Cilliers u. Terblanche, 2010). Sie erlebte einen Grenzverlust, eine Reduzierung auf ihre Geschlechtsidentität und sie empfand sich als Projektionsfläche für Inkompetenz.

In der systemischen Beratung blickten die Klientin und die Therapeutin gemeinsam auf die Situation und explorierten die Systemdynamiken auf Basis systempsychodynamischer Interpretationen und des CIBART-Modells. Die Klientin, die von einen intellektualisierten Ansatz im therapeutischen Kontext angesprochen war, begann durch den Ansatz die Dynamiken der Situation auf neue Art und Weise zu verstehen. Sie konnte die Spaltungen im Unternehmen erkennen und aufzeigen, sah die Zuschreibungen der Inkompetenz als Projektionen und erkannte, wie sie selbst den projektiven Identifikationen zum Opfer gefallen war. Diese Erkenntnisse ermöglichten ihr, die Situation aus unterschiedlichen Blickrichtungen und Dynamiken heraus zu betrachten und sie neu zu durchdenken. Zudem sah sie sich nicht mehr im Zentrum des Angriffs, sondern verstand, dass im System unterschiedliche Elemente und Dynamiken zusammenkommen mussten, um sie in die Position zu bringen, in der sie nun war. Sie konnte auch erkennen, wie sie selbst die Situation zwischenzeitlich verleugnet hatte und dass sie zudem durch die Attacken des Kollegen ängstlich geworden war, Leistungsangst bekommen hatte, sich bedroht gefühlt hatte und zudem unglücklich und depressiv geworden war. Sie erklärte in der Therapie, dass dieser Zustand ihrem eigentlichen Lebensgefühl absolut entgegenstehe und dass sie einfach aus der Situation austreten und ein »neues Leben« beginnen wolle.

Mit der Diskussion des CIBART-Modells konnte die Klientin die unterschiedlichen Aspekte der Dynamik erkennen und verstehen, was es ihr erleichterte, im System wieder handlungsfähig zu werden.

Mit der Beraterin erarbeitete sie nun eine Strategie, dem System angemessen zu begegnen, ohne sich einschüchtern zu lassen oder sich lächerlich machen lassen zu müssen. Nach und nach erlangte sie ihr zuvor da gewesenes Selbstwertsystem zurück. Einige Wochen später legte sie im Board-Meeting die gesamte Dynamik offen und kündigte gleichzeitig ihre Stelle mit der Begründung, dass sie in solch einem männerdominierten, von unbewussten Prozessen gesteuerten Unternehmen nicht länger arbeiten wolle. Nach einigen Monaten trat sie eine neue Stelle als Führungskraft in einem Konkurrenzunternehmen an.

5.6 Best Practices im Umgang mit systempsychodynamischen Prozessen

Mit ihrem nichtpositivistischen Fokus auf die unbewussten Dynamiken, Motivationen und Muster in menschlichen Systemen ist die Systempsychodynamik oftmals eine Herausforderung für Einzelpersonen oder auch Organisationen. In der Systempsychodynamik geht es nicht nur um Individuen, sondern eher um das komplexe Zusammenspiel von Individuen und Kollektiven oder Systemen. Aufgrund ihrer Verbindung zur Psychoanalyse nehmen viele an, dass sich diese Arbeit auf das Individuum konzentriere. Das ist aber nicht der Fall. Die Systempsychodynamik beschäftigt sich nach Neumann und Hirschhorn (1999) mit dem kollektiven, psychologischem Verhalten und seinen Auswirkungen zwischen Gruppen und Organisationen. Entsprechend bieten Systempsychodynamiken Möglichkeiten, die innerseelischen Psychodynamiken neu zu definieren und zu interpretieren und energetisierende oder motivierende Kräfte zu ergründen, welche die Verbindungen von Individuen, verschiedenen Gruppen und Subkategorien sozialer Systeme herstellen (Neumann u. Hirschhorn, 1999).

Die Ziele der psychodynamischen Therapie sind die Selbsterkenntnis der Klient*innen und das Verständnis des Einflusses der Vergangenheit auf das gegenwärtige Verhalten. In seiner Kurzform ermöglicht der psychodynamische Ansatz den Klient*innen, ungelöste Konflikte und Symptome zu untersuchen, die aus früheren dysfunktionalen Beziehungen herrühren (NCBI, 1999).

Nach Klußmann (2000) existieren vier psychoanalytische Theorieschulen, die sich die folgt definieren: 1. Die Triebpsychologie einschließlich der Libidotheorie nach Freud, die sich vor allem mit den Einflüssen der Kindheit auf die Bedürfnisse und Wünsche sowie mit Angst, Schuld, Scham und pathologischen Charakterzügen beschäftigt. 2. Die Ich-Psychologie fokussiert auf den Menschen im Kontext der Fähigkeit zur Anpassung und Realitätsprüfung und Abwehrprozessen. 3. Die Psychologie des Selbsterlebens blickt auf den Menschen im Kontext seines subjektiven Befindens in Hinblick auf eigene Grenzen, Kontinuität, Wertschätzung und Selbst-Erleben. Und schließlich 4. Die Psychologie der Objektbeziehungen, die den Menschen im Zuge der Wiederholungen von Kindheitserlebnissen sieht und nachvollzieht, wie die Objektbeziehung vom Kind erlebt wurde und wie sie sich im späteren Leben niederschlägt.

Jede dieser vier psychoanalytischen Theorieschulen stellt eigene Theorien zur Persönlichkeitsbildung, zur Entstehung von Psychopathologie und zur Veränderung, Techniken zur Durchführung der Therapie sowie Indikationen und Kontraindikationen für die Therapie vor. Die psychodynamische Therapie unterscheidet sich in mehreren Punkten von der Psychoanalyse, unter anderem darin, dass die psychodynamische Therapie nicht alle analytischen Techniken umfassen muss und nicht von psychoanalytisch ausgebildeten Analytiker*innen angewandt wird. Die psychodynamische Therapie wird zudem über einen kürzeren Zeitraum und mit geringerer Häufigkeit als die Psychoanalyse durchgeführt (NCBI, 1999).

Die Systempsychodynamik bedient sich der Methoden der Psychodynamik, indem sie auf die Interpretationen, Analyse- und Musterinterpretationen der Psychodynamiktherapien zurückgreift und sie mit systemischem Handwerkszeug, vor allem aus der »Offenen Systemtheorie« kombiniert.

Methodisch gibt es bereits viele Möglichkeiten, mit Systempsychodynamiken umzugehen. Mit Blick auf die Methoden der Psychodynamiken umfassen nach dem NCBI (1999) die Best Practices der Therapeut*innen Folgendes:
- eine gute therapeutische Allianz entwickeln,
- zentrale Beziehungsmuster formulieren und auf sie reagieren,
- verstehen, wie das Symptom in das zentrale Beziehungsmuster passt, und darauf reagieren,
- auf Bedenken bezüglich einer Trennung (Therapieabbruch) achten und darauf reagieren,
- Interpretationen vornehmen, die dem Bewusstseinsstand der Klient*innen angemessen sind,
- das Bedürfnis der Klient*innen erkennen, die therapeutische Beziehung zu testen (im Sinne der Übertragung),
- die Symptome als Problemlösungs- oder Bewältigungsversuche einordnen.

Da der Ansatz der Systempsychodynamiken damit arbeitet, einen tiefen Einblick nicht nur in die Psychodynamik zu geben, sondern auch die systemischen Perspektiven einzubeziehen, ist es wichtig, dass alle Personen sich sicher genug fühlen, um mit den emotionalen Dimensionen im System zu arbeiten, wie beispielsweise in einer Organisation. Dabei steht besonders die Reflexion von Verhaltensmustern und ihren Zusammenhängen im System im Vordergrund der therapeutischen oder beraterischen Umgangsweisen (Tavistock Institute, 2017). Nach dem Tavistock Institute (2017) können auf dieser Basis dann imaginäre Methoden und Techniken eingesetzt werden, wie zum Beispiel das Social Dream-Drawing (Hau, 2002, 2004; Mersky, 2008), um systemische Zusammenhänge zu erkennen und unbewusste Aspekte im System freizulegen. Symboliken und Teile des Systems werden erkannt, über Systemgrenzen hinweg kommuniziert und somit zu einer ganzen Erkenntnis zusammengesetzt (Tavistock Institute, 2017).

Dabei weist Geldenhuys (2022) darauf hin, dass systemische Interventionen vermehrt auch neurowissenschaftliche Ansätze in ihre Interventionen einbeziehen sollen, um eine wissenschaftlich erweiterte Perspektive in die Reflexionen und Interpretationen einfließen zu lassen. Zudem gibt Stein (2004) zu bedenken, dass es schwierig ist, Best Practices für den systempsychodynamischen Ansatz zu definieren, da durch den interdisziplinären Ansatz unterschiedlichste Interventionen angewendet werden. Sher (2013) betont jedoch, dass der Ansatz besonders mit Interventionen der »changeoriented action research« einhergeht, die gleichzeitig psychoanalytische Interventionen mit einbeziehen. In der Therapie und Beratung von Einzelpersonen wird die Organisationsrollenberatung hauptsächlich als psychoedukativer Entwicklungsprozess und nicht als eine Form der Beratung oder Psychotherapie eingesetzt (Gould et al., 2001; Gould, 2004; Stein, 1996). Bei Prozessen mit Einzelpersonen oder Gruppen führen Therapeut*innen oder Berater*innen dann eine psychoanalytische Prozessberatung durch, wobei sie die Dynamiken der Klient*innen beobachten und interpretieren (Gould et al., 2001). Insbesondere achten die Therapeut*innen auf die Zusammenhänge, in denen die Beziehung und die Art und Weise, wie Autorität ausgeübt wird, wenn Angst erlebt wird, sich manifestieren (Atkins, Kellner u. Linklater, 1997). Die Konsultation konzentriert sich darauf, »wie eine Vielzahl unerwünschter Gefühle und Erfahrungen abgespalten und auf bestimmte Personen und Gruppen projiziert werden, die diese Gefühle und Erfahrungen in sich tragen – das heißt, auf ihre Prozessrollen« (Gould et al., 2001, S. 8).

5.7 Reflexionsfragen

Die folgenden Fragen können reflektiert werden im Kontext von systempsychodynamischen Prozessen und systemischer Therapie und Beratung:
- Was meinen Sie zu den systempsychodynamischen Theorieansätzen?

- Was halten Sie vom CIBART-Modell?
- Wie könnten diese theoretischen Ansätze und Modelle in der systemischen Theorie und Praxis eingesetzt werden?
- Was halten Sie davon, Klient*innen mit solchen Modellen zu konfrontieren und sie damit arbeiten zu lassen?
- Wie können systemische Beratungs- und Therapietechniken und -methoden unter Beachtung von CIBART in der Therapie eingesetzt werden?
- Wie arbeiten Sie am besten in Organisationen oder mit Mitgliedern von Organisationen mit systempsychodynamischen Ansätzen?
- Wie verändern Sie eventuell Ihre Interventionen auf Basis der neuen Erkenntnisse des systempsychodynamischen Ansatzes?
- Wie können Sie den Social Dream-Drawing-Ansatz in Ihrer therapeutischen Praxis einbauen?
- Welche anderen Interventionen kennen Sie aus den einzelnen Disziplinen und Ansätzen, die eventuell zu Ihrer eigenen systemischen Praxis passen und gleichzeitig zum Ansatz der systempsychodynamischen Praxis?
- Wie arbeiten Sie traditionell mit Angst in der systemischen Therapie und Beratung? Was verändert sich, wenn Sie die systempsychodynamischen Modelle und Ansätze berücksichtigen? Oder bleibt alles gleich?
- Meinen Sie, dass Angst wirklich, wie in den systempsychodynamischen Prozessen beschrieben, immer eine unterliegende Kraft ist, wenn es um Gruppendynamiken und -prozesse geht?

Abschließend reflektieren Sie, wie die systempsychodynamischen Prozesse in systemischer Therapie und Beratung als Intervention bzw. Praktiken Einzug halten könnten und welchen Beitrag sie leisten könnten, um Systeme auf eine neue, eine andere Art und Weise zu verstehen. Welchen Unterschied würde es machen, wenn Sie oder Ihre Klient*innen den Annahmen der systempsychodynamischen Prozesse folgen würden?

6 DIE THEORIE DES TERRORS ODER WAS WIR ALLES TUN, UM UNSTERBLICH ZU WERDEN

> »Was man tief in seinem Herzen besitzt,
> kann man nicht durch den Tod verlieren.«
> Johann Wolfgang von Goethe

6.1 Einleitung: Die Terror-Management-Theorie

Die Terror-Management-Theorie, kurz TMT, wurde von Ernest Becker (1973) entwickelt. Dabei leitete ihn die Fragestellung, wie Menschen unter existenziellen Bedingungen Lebenssinn entwickeln und die Herausforderungen des Lebens bewältigen können (Barrett, 1958; Pyszczynski, Solomon u. Greenberg, 2015). Einen besonderen Schwerpunkt der TMT stellen die Betrachtung der Auswirkungen des Todes und die Betrachtung des Lebenssinns dar (Yalom, 1980; Steger, 2012). Dabei wird angenommen (Menzies u. Menzies, 2020), dass menschliches Verhaltens insbesondere von der Angst vor dem Tod bestimmt wird, die jüngst durch die COVID-19-Pandemie besonders stark geprägt wurde.

TMT nimmt an, dass alle menschlichen Handlungen dazu dienen, den Tod zu vermeiden und die Angst vor dem Tod zu besiegen (Menzies u. Menzies, 2020). Vertreter*innen der TMT, wie Jeff Greenberg (z. B. Greenberg, Solomon u. Pyszczynski, 1992; Greenberg u. Arndt, 2012) oder Tom Pyszczynski (Pyszczynski et al., 2015), haben die Theorie aus sozialpsychologischer und evolutionärer Perspektive besprochen. Davon ausgehend, dass die einzige Sicherheit im Leben der Tod ist, stellt diese perspektivisch für alle Menschen ein paralysierendes Terrorpotenzial dar, das das Leben und alle Handlungen beeinflusst. Die Vertreter*innen der TMT sind der Auffassung, dass ohne Kontrolle dieses »Terrors« das menschliche Leben als nicht aushaltbar erlebt wird. Entsprechend entwickelt jeder Mensch Mittel und Wege, die eigene Verletzlichkeit und Sterblichkeit symbolisch abzuwehren (Stangl, 2021) und so zu leben, als wären Menschen unsterblich. Die TMT nimmt weiterhin an, dass es unterschiedliche symbolische Methoden gibt, zur Selbsterhaltung beizutragen und Menschen den Umgang mit dem Tod zu erleichtern. Zwei dieser Methoden sollen hier erörtert werden: zunächst die kulturelle Weltansicht, die dabei unterstützen kann, die erlebte Angst zu handhaben, sowie die Selbstachtung bzw. der Selbstwert (Routledge et al., 2010; van Kessel, den Heyer u. Schimel, 2020).

Die kulturelle Weltsicht kann als »Angstpuffer« beschrieben werden, in dem sich der TMT zufolge die Funktion von Kultur zeigt, die Angst, die aus dem Bewusstsein der eigenen Verletzlichkeit und Endlichkeit erwächst, zu minimieren. Dies geschieht zum einen, indem Menschen ihre Welt mit Ordnung, Beständigkeit und Sinn korrelieren, und zum anderen durch die Hoffnung auf Transzendenz der eigenen geistigen Existenz. Alle Kulturen enthalten unter anderem Verhaltensvorschriften für ein sinnerfülltes Leben und Verweise auf die Unsterblichkeit, um Menschen Orientierung im Umgang mit dem Tod zu bieten. Beachten Menschen diese Standards, erwachsen daraus Selbstachtung und der von der jeweiligen Kultur in Aussicht gestellte Schutz. So entsteht eine Grundlage für eine weniger angstvolle Umgangsweise mit dem Tod. Sowohl der eigene Selbstwert als auch der Umgang mit der Todesangst sind an die Kultur geknüpft. Insofern werden der Tod und die mit ihm verbundene Angst als eine Bedrohung für die eigene Kultur erlebt, die es zu verteidigen gilt (Greenberg u. Arndt, 2012).

Da die Angst vor dem Tod als grundlegende, treibende Kraft hinter dem Bedürfnis nach Selbstachtung angesehen wird, kann die Selbstachtung als emotionale Manifestation des Selbsterhaltungstriebes verstanden werden. Somit ordnen sich alle Ziele dem Selbsterhalt unter. Dabei dient nicht alles, was Menschen tun, *unmittelbar* dem Selbsterhalt, wohl aber der Selbstachtung. Diese wird beispielsweise erlebt, wenn sich etwa jemand im Streben nach Anerkennung in Gefahr begibt. Im Interesse dieser Selbstachtung werden Werte verfolgt, die dem kulturellen Kontext entsprechen und seiner Aufrechterhaltung dienen. Die Entspechung dieser Standards fördert die Selbstachtung und stützt somit den zweiten Angstpuffer, die Kultur. Aufgrund die ser Mechanismen werden existenzielle Dilemmata meist gar nicht wahrgenommen. Denn in diesem Fall würde Angst freigesetzt und sich die Frage nach dem Sinn des Lebens und der Religion stellen.

Die induzierte Furcht vor dem eigenen Tod kann dazu führen, dass Individuen großen Wert auf die Einhaltung der Standards der eigenen Kultur legen, sich die Identifikation mit der eigenen Gruppe

(Ingroup) verstärkt, es zu einer ablehnenden Haltung gegenüber Fremdgruppen (Outgroups) kommt, Zusammengehörigkeitsgefühle verstärkt wahrgenommen und betont werden, Hilfsbereitschaft sowie Altruismus zunehmen (Greenberg, Pyszczynski u. Solomon, 1986).

Weiterhin zeigt die Literatur, dass Personen mit einem ausgeprägten Selbstwert normalerweise weniger ängstlich sind als Personen mit einem geringen Selbstwertempfinden. Entsprechend schützt ein gesteigerter oder starker Selbstwert vor der Todesangst (Juhl, 2019). Gleichzeitig werden Personen, die über andere Weltanschauungen verfügen als die Angehörigen der eigenen sozialen Gruppe, verstärkt zur Zielscheibe von Vorurteilen, Stereotypen und Ethnozentrismus. TMT-Forschungen betonen, dass die experimentelle Induktion der kognitiven Verfügbarkeit der eigenen Sterblichkeit (»Mortalitätssalienz«) bei Menschen das Bestreben erhöht, das eigene kulturelle Weltbild zu verteidigen und zu verstärken (Becker, 1973). Vor allem in US-amerikanischen Studien hat sich dies insbesondere in einer erhöhten Verteidigung der eigenen, nationalen Symbole niedergeschlagen (Jonas u. Fritsche, 2005).

Zur Minimierung von Vorurteilen und Aggressionen empfiehlt sich eine relativistische Weltsicht, in der Kulturen als Perspektiven und nicht als feindselige Bollwerke interpretiert werden (Solomon, Greenberg u. Pyszczynski, 2004).

6.2 Umgang mit Terror und Angst in Therapie und Beratung

Im Zusammenhang mit der TMT hat sich ein langfristiger Diskurs entwickelt, der erörtert, ob die Angst vor dem Tod eher als eine positive oder eine negativ Perspektive zu werten ist (van Kessel et al., 2020). Einerseits kann angenommen werden, dass die Todesangst positiv wirkt, wenn daraus ein Bewusstsein erwächst, das zur Konstruktion des eigenen Lebenssinns beiträgt und Individuen bei der Verfolgung intrinsisch motivierter Ziele unterstützt. Andererseits ist denkbar, dass Todesangst als negativ empfunden wird und zu belastenden Gefühlen und Krisen führt (Heine, Proulx u. Vohs, 2006).

Der Existenzialpsychologe Yalom (1980) hat darauf hingewiesen, dass die Bewusstheit des Todes für Individuen von Vorteil sein kann, da sie sie darin unterstützt, die Realität der Endlichkeit des Lebens anzunehmen. Diese Einsicht und Akzeptanz kann dazu führen, dass Menschen bereit sind, eine radikale Wende zu vollziehen und ihr Leben so zu leben und zu gestalten, wie sie es im Inneren ersehnen. In diesem Sinne können die Endlichkeitsakzeptanz und die Bewusstwerdung hinsichtlich der tief verankerten Todesangst zum extraordinären Wendepunkt im Leben werden.

Die TMT bietet für therapeutische Kontexte spezifische Erklärungen hinsichtlich der möglichen psychologischen Auswirkungen des Todesbewusstseins und bezüglich des Umgangs mit Todesbewusstsein und Todesangst (Lewis, 2014). Viele Therapeut*innen nehmen die existenzielle Therapie als undurchsichtig wahr, etwa weil es keinen Konsens darüber gibt, was ihre Praxis ausmacht, nur wenige praktische Beispiele veröffentlicht wurden und es nur wenige empirische Studien gibt, die ihre Wirksamkeit untersuchten. Auch wenn im Gegensatz dazu die TMT über eine umfangreiche empirische Literaturbasis verfügt, wurde bislang nur rudimentär erforscht, wie die TMT für therapeutische Zusammenhänge genutzt werden kann und welcher Impact hier nachweisbar ist. Lewis (2014) verweist jedoch darauf, dass eine Auseinandersetzung mit dem Tod in Therapie und Beratung gerade im Blick auf die in vielen Industriegesellschaften wachsende Bevölkerung immer bedeutsamer wird.

Existenzielle Therapeut*innen gehen davon aus, dass diverse Effekte im Zusammenhang mit Kultur, Werten, sozialem Umfeld, vergangenen Erfahrungen etc. das Leben der Klient*innen beeinflussen (van Deurzen u. Adams, 2011) und auf den Umgang mit existenzieller Angst wirken. Der Ausbau des Bewusstseins für den Lebenssinn (Hoffman, 2004) kann existenzielle Ängste in der Therapie bearbeitbar machen und diese mindern. Plusnin, Pepping und Kashima (2018) fanden in einer Metastudie heraus, dass Todesängste besonders durch enge Beziehungen zu anderen Menschen reduziert werden können. Zudem wiesen die Forschenden darauf hin, dass Faktoren wie Bindung, Gender und beziehungsbasierter Selbstwert zu einem konstruktiven und positiven Umgang mit Todesbewusstsein und der Todesangst beitragen.

Weitere Forschungen zeigten, dass es zu einem Zusammenbruch des gesamten psychologischen Systems eines Individuums kommen kann, wenn »Puffer«, die die Ängste einer Person üblicherweise regulieren, in ihrer Funktionalität reduziert werden oder diese aufgeben (Pyszczynski u. Taylor, 2016). Leicht entsteht so ein posttraumatisches Stresssyndrom, das möglicherweise durch ein traumatisches Erlebnis getriggert oder ausgelöst wurde. In diesem Fall können Traumata entstehen, die Weltansichten, die Wahrnehmung des eigenen Selbstwerts, des Lebens, aber auch den Ausbau und die Aufrechterhaltung der Beziehungen beeinflussen. Therapien sollten in diesen Fällen darauf ausgerichtet werden, diese »Puffer« zu stärken, damit eine Person ihre Handlungs- und Lebensfähigkeit wiederherstellen (Pyszczynski u. Taylor, 2016), ihren Selbstwert erhöhen und Beziehungen aufbauen kann, die dazu beitragen, mit der empfundenen Todesangst konstruktiv und bewusst umzugehen.

6.3 Terror-Management aus systemischen Perspektiven

Nur wenige Untersuchungen widmeten sich bislang der Auseinandersetzung mit TMT in der systemischen Therapie und Beratung. Eine wichtige Untersuchung von Volini (2017) verwies darauf, dass es in der »Global Family Therapy« besonders wichtig sei, eine kohärente kulturelle Weltsicht und einen gestärkten Selbstwert zu entwickeln. So könnten sogenannte kulturelle Weltansicht-Standards entwickelt werden, die dann in der »Global Family Therapy« im Hinblick auf ihre Fluidität im Familien- und Sozialsystem untersucht werden können. Dabei unterstrich der Autor, dass die Weltsicht aus systemischen Perspektiven betrachtet werden müsse und Ressourcen, wie Weltansicht-Diskrepanzen, Unterschiede im Selbstwert und symbolische Unsterblichkeit, auch im multigenerationalen Prozess beleuchtet werden müssten (Volini, 2017).

Die Diskurse um Leben und Tod werden immer komplexer und es gilt, nicht nur die individuellen Sichten auf die Welt einzubeziehen, sondern auch die gruppenspezifischen und soziokulturellen Systeme in den therapeutischen Prozessen mehr zu beachten, da sie immer komplexer, multikultureller und interdisziplinärer werden (Lomas, Waters, Williams, Oades u. Kern, 2020). Mayer und Oosthuizen (2020a) haben in ihren Forschungen zur Ausbildung von Familientherapeut*innen auf die hohe Bedeutung der Sinnfrage in der Familientherapie verwiesen. Dies gilt gleichermaßen für

Klient*innen und für Familientherapeut*innen, wenn es darum geht, existenzielle Krisen zu überwinden und die Todesakzeptanz von Klient*innen zu erhöhen (siehe u. a. Mayer u. Vanderheiden, 2020).

Die TMT bietet sich im Rahmen der systemischen Therapie und Beratung auch deshalb an, da hier Leben und Tod von Individuen und Gruppen als systemisch erkenn- und verstehbare Aspekte des Lebens sichtbar werden, die stets in den soziokulturellen und systemrelevanten Zusammenhängen betrachtet werden sollten (Simon et al., 1997). In der systemischen Therapie geht es oftmals darum, Umgangsweisen mit dem Tod, dem Sterben und Verlust eines engen Familienmitglieds oder Strategien für die Bewältigung schwerer emotionaler Belastungen zu entwickeln (Stoltze, 2021). Dabei ist aus systemischer Sicht einerseits die Selbstwirksamkeit wichtig, andererseits ist es besonders bedeutsam, dass unterstützende Menschen im sozialen Bezugssystem identifiziert werden und Klient*innen mit diesen gemeinsam versuchen, den Verstorbenen gerecht zu werden und sie zu würdigen, ohne dabei die Ausrichtung auf das (Über-)Leben und die Zukunft aus dem Blick zu verlieren (Stoltze, 2021). Dabei steht die Lebens- und Erfahrungswelt der Menschen im Zentrum (Bateson, 1987), die mit dem Tod und dem Verlust umgehen müssen. Dabei kann es sich um einen Tod im System handeln oder aber auch um die Angst vor dem Tod, die systemisch relevant oder ausgelöst sein kann.

In ihrer Studie verwiesen Mayer und Vanderheiden (2022) darauf, dass es gerade für Frauen in Führungspositionen in internationalen Zusammenhängen entscheidend ist, die Angst vor dem Tod zu überwinden, gerade in Zeiten der Pandemie. Die Ergebnisse der Studie zeigten, dass Frauen zwar von negativen Emotionen während der COVID-19-Pandemie betroffen waren, wie etwa Angst und Furcht vor dem Kranksein und vor dem Tod, dass sie aber in der Lage waren, diese Ängste auf unterschiedliche Weise zu bewältigen und dadurch zu ihrem persönlichen Sinnerleben beizutragen. Dabei wählen Frauen bestimmte Coping-Strategien, um mit der Todesangst umzugehen. Für die Frauen waren es insbesondere die engen Beziehungen in ihrem Leben, etwa Familienmitglieder und Freund*innen, die dazu beitrugen, weniger Angst vor dem Kranksein und Tod zu empfinden. Zudem betonten die Frauen die hohe Bedeutung ihres

Glaubens, ihrer Spiritualität und Religion als bedeutsame Hilfe in angstbesetzten Krisensituationen. Zwei weitere Coping-Strategien wurden von den Frauen identifiziert: einerseits die bewusste Auseinandersetzung mit dem Lebenssinn und -zweck, andererseits die Selbsttransformation aufgrund der Erkenntnis, dass das Leben nicht endlos, sondern final ist. Maturana (1998) lud dazu ein, zum einen den Kreislauf von Leben und Tod zu beobachten sowie zum anderen sowohl die Entwicklung von Sinnhaftigkeit als auch die Selbstachtung und die Religion. Aus der Todesangst können sich Lösungen für Coping-Strategien ergeben, wobei nach de Shazer (2004) die Lösungsorientierung wichtig ist.

6.4 Ein Anwendungsbeispiel

Das nachstehende Praxisbeispiel beschreibt Therapiesitzungen mit Frau D., die bei Sitzungsbeginn 28 Jahre alt ist. Frau D. nimmt telefonisch das erste Mal im Juni 2005 Kontakt mit der Therapeutin auf und erkundigt sich nach systemischen Therapieansätzen. Sie betont jedoch, dass sie derzeit keine Zeit für eine Therapie habe, diese eher im Herbst beginnen möchte. Entsprechend findet die erste Sitzung im September 2005 statt, die letzte im Juli 2006.

6.4.1 Erstgespräch, Überweisungs- und Problemkontext

Frau D. ist auf Empfehlung zu der Therapeutin in die Therapie gekommen. Ihre Freundinnen und ihr jüngerer Bruder haben ihr eine Therapie geraten, da sie seit Jahren unter Ängsten leidet.

Als Problem beschreibt Frau D. ihre Angst- und Zwangsstörungen, die sich darin ausdrücken, dass sie länger duscht (ca. 30 Minuten) als andere Personen (z. B. ihr Freund) und mehrfach überprüft, ob sie ihren Schlüssel bei Verlassen des Hauses eingesteckt hat. Zudem möchte sie lernen, ihr Gefühl der Minderwertigkeit, das sie gelegentlich »befällt«, einzuschränken, da dieses mit der Angst verknüpft ist, dass sie nichts kann, versagt oder etwas vergisst.

Frau D. findet zunächst keine Erklärung für ihre Angst- und Zwangsstörung und vermag auf die Fragen nach möglichen Bedeutungen und Erklärungen nicht zu antworten. Ihre Mutter sage, dass sie einfach zu perfektionistisch sei, so wie ihre Mutter selbst. Auch die Mutter sei perfektionistisch, zudem pedantisch und zwanghaft – sie horte zum Beispiel zwanghaft Essen im Kühlschrank und in der Vorratskammer. Ihr eigener Kühlschrank sei jedoch eher leer als voll. Für ihre Ängste, die bereits in der Pubertät aufgetreten seien, habe sie keine Erklärung. Sie sei einfach manchmal »zu ängstlich«. Das drücke sich in ihrer vom Umfeld als »zurückhaltend« interpretierten Haltung aus.

6.4.2 Auftrag bzw. Zieldefinition

Frau D. beschreibt, dass sie starke Ängste habe, und benennt ihre Symptomatik als »Angst- und Zwangsstörung«, die bereits vor einigen Jahren in einer Therapie diagnostiziert worden sei. Im Anschluss an die Diagnose habe sie bereits eine Gesprächstherapie und eine Verhaltenstherapie durchgeführt, jeweils ein Jahr. Diese bewertet sie als Erfolg, denn nun habe sie ihre Ängste und Zwänge besser unter Kontrolle, möchte diese jedoch durch diese Sitzungen und anschließend im Alltag noch besser »in den Griff bekommen«.

Weitere Themen, die sie benennt und die sie in den Sitzungen anschauen möchte, sind die Selbst- und die Fremdwahrnehmung (sie verweist dabei auf ihre sogenannte Selbstwertproblematik, da sie sich als minderwertig empfindet). Das Thema »Leistung« möchte sie ebenfalls beleuchten, besonders hinsichtlich der Erwartungen und des Umgangs mit Leistung in ihrer Herkunftsfamilie.

Frau D. unterstreicht, dass es ihr im Allgemeinen besser ginge, wenn sie diese Themen noch einmal aus systemischer Sicht betrachte. Sie möchte »entspannter«, »angst- und sorgenfreier werden« und es sich »einfach gut gehen lassen können«. Sie wünscht sich, auf ihre eigenen Ressourcen zurückgreifen zu können und ihr Selbstvertrauen besser zu entwickeln.

6.4.3 Hypothesen

Frau D. orientiert sich in der Gestaltung ihres Lebens stark an den unerfüllten Wünschen ihrer Mutter. Sie studiert das, was ihre Mutter am liebsten studiert hätte, gestaltet ihre Beziehungen wie ihre Mutter und ist zudem »die Vertraute« des Vaters. Sie möchte die »Lieblingstochter« sein. Da sie die Einzige in der Familie ist, die nicht Medizin oder Pharmazie studiert, versucht sie die Gunst des Vaters durch exotische Reisen und »Andersartigkeit« im weitesten Sinne zu gewinnen. Gleichzeitig empfindet sie diese Exotik als belastend. Sie leidet darunter, immer auf Reisen zu gehen, die bei ihrem Vater Staunen und Freude hervorrufen, für sie selbst aber mit vielen Ängste verbunden sind. Manchmal verspürt sie auf diesen Reisen die Angst zu sterben, nicht mehr zurückzukommen.

Abgesehen davon hat Frau D. viele Existenzängste, die besonders im Zusammenhang mit der Leistungsforderung ihres Vaters stehen. Sie arbeitet sehr viel, um die Beste in ihrer Familie zu sein. Doch es scheint nie genug zu sein.

Einen festen Zusammenhalt fühlt sie zu ihrer Oma, die sie einfach so annimmt, wie sie ist.

Die Zwangs- und Angstproblematik, die Frau D. zu Beginn der Sitzungen nennt, drückt eine Loyalität zur Mutter aus, die ebenfalls unter einer solchen Leistungs-, Zwangs- und Angstproblematik leide. Daher ist auch die Mutter die Einzige in der Familie, die von der Therapie der Tochter weiß. Die Therapie dient somit unter anderem auch der Stärkung der Loyalität zur Mutter.

6.4.4 Therapieverlauf

Frau D. würde es als ein gutes Ergebnis der Sitzungen werten, wenn sie im Anschluss ihren Tagesablauf im Alltag besser organisieren und sich aus eigener Motivation an Zeitvorgaben und Tagesstrukturen halten könne. Sie verweist darauf, dass sie zu lange dusche, obwohl das eigentlich aber kein Problem sei. Sie käme fast nie zu spät, weil sie dann eben schneller Rad fahren müsse. Zwar sei sie dann immer abgehetzt, aber das empfinde sie auch nicht als besonders schwerwiegend und problematisch.

Frau D. beklagt während der gesamten Sitzung immer wieder ihre Selbstzweifel und formuliert Kritik an ihrer Herkunftsfamilie, die ihr Ratschläge gebe, die sie nicht brauche. Dabei gehe es meist um Alltagsthemen wie ihr Studium, ihre Kleidung und ihre Frisur. Die Ratschläge ihrer Herkunftsfamilie seien ihr jedoch verständlich, da diese wohl an ihrem Leben teilhaben wolle. Der Kontakt zu ihrer Herkunftsfamilie sei sehr eng und das wolle sie auch nicht verändern, da sie ihre Familie liebe und den Kontakt nicht missen möchte. Auch ihr Freund sei stark integriert in ihre Familie und alles sei sehr harmonisch.

In dieser Sitzung kann mit Frau D. kein Auftrag und keine Zieldefinition erarbeitet werden, da sie zwar Themen einbringt, diese zugleich jedoch als »unproblematisch« und eher positiv bewertet. Am Ende der Sitzung formuliert die Therapeutin den Eindruck, dass Frau D. anscheinend gut in ihrem Leben zurechtkäme, da sie die heute besprochenen Themen offensichtlich als unproblematisch und positiv wahrnehme. Die Therapeutin erklärt weiter, sie habe den Eindruck, Frau D. bräuchte keine Therapie, da ja eigentlich alles »kein Problem« sei.

In der nächsten Sitzung formuliert Frau D. den Wunsch, parallel zu dieser Therapie im November noch eine Traumatherapie zu beginnen, da sie in Spanien bei ihrem letzten Aufenthalt überfallen worden sei (ohne Verletzungen, körperliche Schädigungen etc.). Sie ist überzeugt, dass die Traumatherapie ihr als Ergänzung helfen könne, dieses Trauma zu überwinden. Es zeige sich in Gedanken an den Überfall, wirke sich jedoch nicht in ihrem Verhalten aus. Höchstens insofern, dass sie, wenn sie allein nachts durch einen Park ginge, ihren Freund anrufen müsste, damit sie keine Ängste bekäme und sich nicht so allein fühle. Sie wolle im November einen Test bei einem Traumatherapeuten machen und fragt nach, ob dies aus meiner Sicht die »richtige« Therapieform sei.

Frau D. möchte über ihre Herkunftsfamilie sprechen. Die Beziehungen in ihrer Herkunftsfamilie werden in der Arbeit mit dem Genogramm deutlich: Frau D.s Mutter sei auch häufig in Therapie gewesen, wie sie selbst auch. Dies verbinde sie mit ihrer Mutter. Ebenso die Zwänge – ihre Mutter habe einen Zwang, Essen zu horten. Der Vater, der gesellschaftlich und sozial sehr engagiert sei, schätze sein Image in der Öffentlichkeit mehr als die Familie. Dies sei aber kein Problem und aus Frau D.s Perspektive »sein gutes Recht«.

Frau D. erkennt die Verbindungen und Parallelen in Bezug auf die gleichen Muster zwischen sich und ihrer Mutter. Zugleich unterstreicht sie, dass sie jedoch – oder gerade deshalb? – den Vater lieber möge. Sie wolle jedoch nichts an ihrer Beziehung zu den Eltern verändern, da diese sowieso weit weg seien und kaum noch eine Rolle in ihrem Leben spielen (sollen).

Ihrem Vater stehe sie immer gern zur Seite, wenn es um Entscheidungsfragen gehe. Ihr Vater rufe sie oft an, um die Beziehung zu seiner Frau zu besprechen und sich zu beklagen. Frau D. hält die Ehe ihrer Eltern für eine Katastrophe und rät ihrem Vater zu einer Trennung. Sie selbst fühle sich in der Rolle der Beraterin ihres Vater geehrt, da dieser sie für die Beratungen sehr schätze, auch wenn sie als Einzige in der Familie ein sozialwissenschaftliches Studium absolviere. Sie studiert Germanistik, da ihre Mutter sich diesen Wunsch nicht erfüllen konnte. Alle ihre Geschwister studierten Medizin, Pharmazie und Lehramt. Diese gelten als Berufe mit klarem Berufsbild und sind mit großer Anerkennung durch den Vater verbunden. Das sei jedoch für Frau D. alles okay und sie sei glücklich mit ihren Entscheidungen. Sie wolle das nur mal jemandem erzählt haben.

Über die Ängste und Zwänge wolle sie nicht mehr sprechen, da sie dieses Thema ausschließlich in der Traumatherapie behandeln wolle.

Frau D. wolle sich lediglich heute über die Beziehung zu ihrem Freund unterhalten. Sie sehe sich im konkreten Gegensatz zu seiner Lebenslust und meint, sie sei der »depressive Part« in der Beziehung. Ihr Freund verkörpere all die Gelassenheit und die Ruhe, die sie brauche, aber nicht habe. Sie bewertet die Beziehung zu ihrem Freund als sehr asymmetrisch. Zudem bleibe ihr Selbstwert auf der Strecke, da sie ihren Freund so bewundere. Sie ist überzeugt, dass auch ihr Freund Bewunderung für sie empfinde, dass sie ihm dies aber nicht glauben könne, da ihr Freund sehr erfolgreich in seiner neuen Arbeitsstelle sei, die ihm übrigens ihr Vater vermittelt habe. Sie selbst erkennt die Parallelen in der Darstellung ihrer Beziehung zu ihrem Freund und der Beziehung ihrer Eltern (aktiv/passiv, erfolgreich/nicht erfolgreich, lebensfroh/depressiv etc.). Sie bewertet diese Aufteilung als ungünstig, meint jedoch, dass es so sein müsse. Auf die Wunderfrage: »Was wäre, wenn diese von Gott gegebene Struktur denn nicht mehr ›sein müsste‹?«, meint sie, sie wisse selbst auch nicht, was sie tun solle. Sie beendet den Gesprächsabschnitt damit, dass sie meint, das Thema sei nun genügend und ausreichend besprochen und müsse nicht vertieft werden. Frau D. verbleibt im Klagen und betont gleichzeitig ihren Unwillen, etwas zu verändern.

Die nächste Sitzung findet statt im Januar. Weihnachten ist Thema. Frau D. sagt, sie leide unter der Schwangerschaft ihrer Schwester, da diese ein glückliches Familienleben führe und sie dieses nicht habe. Sie wolle nicht immer die »kleine, dumme Schwester sein«. Zudem berichtet Frau D. vom Erstgespräch der »Traumatherapie-Einstufung«. Der Traumatherapeut habe ihr mitgeteilt, dass er keinen Bedarf für eine Traumatherapie sehe, da sie keine Verhaltensproblematik aufweise und ihr Leben hinsichtlich ihrer Alltagsgestaltung nicht eingeschränkt sei. Er könne keinen »Leidensdruck« erkennen. Frau D. ist niedergeschmettert.

Frau D. will »nur noch Aktuelles« besprechen. Welchen Sinn die Sitzungen für sie erfüllen, weiß sie nicht. Ihrer Aussage nach will sie sich einfach nur aussprechen. Das Angst- und Zwangsthema sei hier für sie kein Thema mehr in den Sitzungen. Immer wenn das Gespräch auf diese Thematik kommt, weiß Frau D. nicht, was sie sagen soll. Sie kann ihre selbst so benannte und festgestellte »Zwangsstörung« nicht beschreiben und empfindet diese Thematik nicht als »aktuell«. Frau D.s Anliegen ist es, zu erzählen, und gleichzeitig fordert sie auch in dieser Sitzung wieder ein, die Therapeutin solle aus ihrer Sicht Themen für die Sitzungen vorgeben, die noch zu klären seien. Die Therapeutin fragt nach, wie es wäre, wenn sie keine Themen hätte, die sie vorgeben könne? Frau D. versteht den therapeutischen Prozess als Sitzung, in der der*die Therapeut*in Vorgaben mache, was bearbeitet werden müsse. Sie will weiter über aktuelle Themen sprechen, sagt aber gleichzeitig, sie wisse nicht, was sie sagen solle. Diese Sitzungen sind von langen Schweigepausen geprägt.

Die Sitzungen wolle sie nicht beenden, für sie sei noch nichts geklärt und sie habe das Gefühl, die Therapie habe ihre Themen nicht klären können. Gleichzeitig bringt sie jedoch keine Themen ein bzw. lediglich Themen, die für sie »eigentlich kein Problem darstellen«. Für sie wäre es eine gute Therapie, wenn aus therapeutischer Perspektive definiert würde, worüber sie sprechen solle und wo die Therapeutin ihre Defizite sehe. Auf die Aussage der Therapeutin, dass sie keine Defizite bei ihr feststellen könne, sondern lediglich viele Ressourcen, die sie zu sehr großen Anteilen nutze, reagiert sie mit Irritation. Als die Therapeutin Frau D. zudem sagt, dass sie nicht ein Programm für sie habe, das sie erfüllen müsse, um ihre Persönlichkeit zu entwickeln, ist sie enttäuscht und wütend. Sie hebt hervor, sie wolle nicht sterben, ohne sich optimal entwickelt zu haben.

In einigen der Sitzungen geht es um das Thema »Tod und Sterben«. Die von ihr identifizierte »Angststörung« könnte eine unterliegende Angst vor dem Tod und vor dem Sterben sein, die sich diffus in ihrem Leben ausdrückt und Frau D. daran hindert, ihr Leben in vollen Zügen zu leben. Da sie in ihrem Leben ihre Sinnhaftigkeit und Selbstwirksamkeit immer wieder infrage stellt, erlebt Frau D. starke Selbstzweifel, Depressionen und Stress. Letztendlich sucht sie einen Weg, um ein sinnerfülltes Leben zu führen und in ihrer Familie einen Platz zu finden, den sie als passend empfindet, und Teil des Systems zu sein, um somit auch unvergessener Teil der Familie zu sein.

6.4.5 Interventionen

In den Sitzungen mit Frau D. steht das positive Umformulieren, das Reframing, von negativen Äußerungen und Negativwahrnehmungen im Vordergrund, um den Selbstwert zu stärken und ressourcenorientiert arbeiten zu können. In einer der Sitzungen packen die Klientin und die Therapeutin gemeinsam einen »Ressourcensack« mit all den Stärken von Frau D. Ebenso werden das Genogramm und das Familienbrett genutzt, stets mit einer Perspektive auf Stärken. Auch hinsichtlich der Beziehungen zu ihren Eltern und zu ihrem Freund bzw. ihrem Freundeskreis arbeiten die Klientin und die Therapeutin mit dem Familienbrett.

Die Methode des Inneren Teams wird für die Auseinandersetzung mit den einzelnen Stimmen genutzt, die sich in Frau D. im Zusammenhang mit den Angstzuständen und der Todesangst zeigen. Es wird erfragt, ob und, wenn ja, aus welchem Kontext sie diese »Stimmen« kenne und mit welchen Personen ihrer Herkunftsfamilie sie diese verbinde. Es wird deutlich, dass Frau D. die Positionen ihres Vaters und ihrer Mutter verinnerlicht hat und diese in ihr Angstzustände provozieren.

Die Sitzungen enden abrupt. Frau D. erscheint nicht zur nächsten Sitzung. Auf Nachfrage sagt sie, dass ihr diese Beratung »nichts gebracht« habe und sie keine weiteren Sitzungen wolle.

6.5 Best Practices bezüglich Terror und Angst

Fast jeder Mensch empfindet Angst vor dem Tod. Diese Angst kann sich auf uneterschiedliche Arten und Weisen im Leben und in den Systemen aktualisieren, in denen Menschen tätig sind, scheinen jedoch besonders häufig im Kontext der Sinnkonstruktion und des Lebenssinns auf (Barrett, 1958; Pyszczynski et al., 2015; Yalom, 1980; Steger, 2012).

Die TMT nimmt an, dass die Angst vor dem Tod die Menschen dazu bringt, Weltanschauungen anzunehmen, die ihr Selbstwertgefühl, ihren Wert und ihre Nachhaltigkeit schützen und sie glauben lassen, dass sie eine wichtige Rolle in einer sinnvollen Welt einnehmen (Menzies u. Menzies, 2020; Routledge et al., 2010; van Kessel et al., 2020). Eine weitere Methode der Auseinandersetzung mit der Todesangst besteht darin, sich zu versichern, als Mensch Teil einer wichtigen Gruppe zu sein. Dieses Bedürfnis danach, die kulturelle Bedeutung im Angesicht des Todes zu bekräftigen, führt häufig zu Vorurteilen, die auf der Überzeugung beruhen, dass die Gruppe, mit der sich das Individuum identifiziert, anderen Gruppen überlegen ist. Auf diese Weise bestätigen die Menschen ihre eigene Bedeutsamkeit, zumindest sich selbst gegenüber (Greenberg et al., 1992; Greenberg u. Arndt, 2012; Pyszczynski et al., 2015)

Die TMT nimmt an, dass Menschen motiviert sind, enge Beziehungen innerhalb ihrer eigenen kulturellen Gruppe aufzubauen, um sich selbst davon zu überzeugen, dass sie nach ihrem unvermeidlichen Tod in gewisser Weise weiterleben werden – wenn auch nur symbolisch. Sterben und Tod sind ein wichtiger Bestandteil des Familienlebens und haben eine ausschlaggebende Wirkung. So hoben beispielsweise Haagen und Möller (2013) hervor, dass die Existenz eines Beziehungsengagements und einer Beziehungsbindung Familienmitglieder darin unterstützt, die Angst vor dem Sterben und dem Tod zu verringern, auf optimale Weise zu minimieren und gleichzeitig Vorurteile und Stereotype gegenüber anderen und andersartig gelesenen Menschen zu bewältigen. Dem Familiensystem kommt somit eine hohe Bedeutung hinsichtlich des Erlebens der Angst vor Tod und Sterben zu. Je intensiver das Familiensystem demnach den Selbstwert stärkt und zur Sinnhaftigkeit bei den Familienmitgliedern beiträgt, desto eher kann die Angst vor dem Tod minimiert werden (Bedenk, Kunert u. Fietze, 2022).

Frost (2010) betonte beispielsweise, dass die meisten Menschen verzweifelt und niedergeschmettert sind, wenn sie eine Diagnose einer schweren Krankheit erhalten und dadurch unmittelbar mit dem eigenen Sterben und Tod konfrontiert sind. Oftmals geht die Diagnosestellung mit einem inneren Rückzug und dem Rückzug aus dem sozialen Leben einher. Frost (2010) zufolge ist daher ein multimodales therapeutisches Vorgehen indiziert, das die mentale Ebene der Klient*innen einerseits berücksichtigt und andererseits die Familie, Angehörige und Freund*innen einbezieht. So schlägt Frost (2010) eine »Familienkonferenz« vor, die die inneren und äußeren Erlebnisse der Familienmitglieder systemisch zusammenbringt, bewusst macht und die Arbeit mit diesen ermöglicht. Auch Riedler-Singer (2000) hob hervor, dass es besonders wichtig für das Familiensystem ist, dass Menschen im System daran arbeiten, inneren und äußeren Frieden für alle Beteiligten zu erreichen, um Heilung im System zu schaffen und bewusst Sterben und Tod zu erleben. Dabei gilt es in der aktuellen systemischen und familienzentrierten Trauerbewältigung, nicht nur mit der konventionellen Familie zu arbeiten, sondern die Personen einzubeziehen, die zur »Wahlfamilie« gehören und die sich alternativen Familienkonzepten verbunden fühlen (Schmitz, Hirsmüller, Schröer, Schulz-Quach u. Schnell, 2019).

Gerade in Zeiten des Übergangs können Übergangsrituale »ein etwaiges Sinn- und Handlungsvakuum bei der Bewältigung existenzieller Herausforderungen wie etwa Geburten, den Übergang vom Kind zum Erwachsenen, Heirat, Tätigkeitsspezialisierungen, Sterben und Tod durch rituelle Zeremonien abmildern« (van Gennep, 1986, S. 15). Pfeiffer-Schaupp (2014) betonte, dass es gerade in der systemischen Therapie wichtig sei, die Prozesse von Trauer und Trauern zu verstehen und zudem Einstellungen, Haltungen und methodische Herangehensweisen kontextual anzupassen, um den Umgang mit Trauer über Tod und Sterben zu erleichtern und mit Klient*innen so zu arbeiten, dass sie in diesen Prozessen um Trauer und Abschied vollständig unterstützt werden können.

Trauer, Sterben und Tod können mit traumatischen Erlebnissen und stark erhöhtem Stress verbunden sein (Korittko u. Pleyer, 2016).

Wie auch bei anderen Themen, die in der systemischen Therapie und Beratung auftreten, sind die hier indizierten systemisch-therapeutischen Vorgehensweisen mit Blick auf die Selbstorganisation und die Ressourcen-, Beziehungs- und Kontextorientierung auszurichten, die als Prämissen des Umgangs mit den Geschehnissen in der Familie gelten. Zudem ist es wichtig, die Kompetenzen der Eltern zu stärken und negative Muster und Strukturen zu entdecken, aufzubrechen und zu transformieren, sodass sie insgesamt dem System oder der Familie dienlich sind und diese stärken (Korittko u. Pleyer 2016). Die westliche Literatur unterstreicht die Notwendigkeit, dem Tod bewusst ins Auge zu sehen und in Lebenszeiten proaktiv und konstruktiv damit umzugehen (Dossey, 2017; Wildfeuer, Schnell u. Schulz, 2015). Dabei kann es hilfreich sein, in der (systemischen) psychotherapeutischen Praxis interdisziplinär zu arbeiten und Interventionen aus unterschiedlichen Therapieformen wie Kunsttherapie, existenzieller Therapie, Psychotherapie und systemischer Therapie zu integrieren (Schulz-Quach, Hartmann u. Schmitz, 2019).

6.6 Reflexionsfragen

Die folgenden Fragen können der Reflexion der TMT und ihres Einflusses und möglicher Relevanz in systemischer Therapie und Beratung dienen:
- Wie können Sie in Familien und Systemen bestmöglich Sinn schaffen, um die Angst vor dem Sterben und dem Tod zu minimieren und somit die Vorurteile und Stereotype gegenüber den Menschen zu reduzieren, die als »andersartig« erlebt werden?
- Welchen Beitrag kann systemische Therapie und Beratung schaffen, um zur Toleranz von Menschen beizutragen, die als »andersartig« erlebt werden?
- Wie werden Sie als Therapeut*in persönlich mit der maximalen Angst fertig, dass wir vergänglich sind und dem Tod nicht entgehen können? Auf der Basis des eigenen Umgangs mit Tod und Sterben: Wie unterstützen Sie Ihre Klient*innen darin, mit der Angst auf optimale Weise umzugehen?
- Wie erleben Sie die Todesangst und deren Management in Beratungen und Therapien?

- Was halten Sie von der Verknüpfung von TMT und systemischer Therapie?
- Wie können Sie die Grundannahmen von TMT in Ihren Beratungen und Therapien nutzen?
- Wie arbeiten Sie in der systemischen Therapie am wirkungsvollsten mit existenziellen Themen – zum Beispiel »Leben und Tod«?
- Welche Interventionen nutzen Sie? Wie verändern Sie Ihre Interventionen im Laufe der Therapie und Beratung?
- Wie genau arbeiten Sie mit systemischen Methoden zu den Themen »Angst«, »Tod«, »Sterben« und »Verlust«? Machen Sie einen Unterschied zu anderen Themen oder behandeln Sie diese Themen vergleichbar zu anderen (Tabu-)Themen?
- Welche Rolle spielen existenzielle Themen grundsätzlich in Ihren Therapie- und Beratungsangeboten? Wie vereinbaren Sie existenzielle Therapie mit systemischen Therapieansätzen?
- Welche weiteren Aspekte beziehen Sie in die Arbeit mit Leben, Tod und Todesangst ein?

Zum Abschluss lade ich Sie ein, darüber nachzudenken, wie sich Ihre Einstellung zum Tod, zum Todesbewusstsein und zum Umgang mit diesen Themen in Therapie und Beratung darstellt. Was macht den Umgang mit Tod, Todesbewusstsein und Todesangst besonders, wenn wir sie aus systemischen Perspektiven betrachten? Welche Interventionen könnten Sie aufbauend auf dieses Kapitel in Ihrer eigenen therapeutischen oder beraterischen Praxis einsetzen? Was wäre dann neu oder anders für Sie? Welchen Unterschied, meinen Sie, würde dies für Ihre therapeutische Praxis machen?

7 TREEBATHING: DIE NATUR NEU ERLEBEN

> »Beschwere dich nicht unter den Sternen
> über den Mangel an Lichtblicken in deinem Leben.«
> Bjørnstjerne Bjørnson

7.1 Einleitung: Die Bedeutsamkeit der Natur und Waldbaden

»Waldbaden« oder auch »Baumbaden« – im Englischen genannt »Forest- or Treebathing« – hat eine lange Tradition im japanischen Kontext. »Shinrin Yoku« dient in Japan vorwiegend der Gesunderhaltung bzw. der Gesundung, bei der die Natur eine herausragende Rolle spielt.

Auch die westliche Forschung im 20. Jahrhundert hat vielfach auf den wichtigen Einfluss der Natur für Gesundheit von Körper, Geist und Seele hingewiesen (Kaplan u. Kaplan, 1989). Vor allem aber in den letzten Jahren ist die Natur als Erlebnisraum der Heilung zu einem wichtigen Ort des Wohlbefindens (Kreszmeier, 2021) und der körperlichen Erholung und Heilung geworden (Li et al., 2008). Dabei zeigt sich, dass sich die Erholung vor allem dann einstellt, wenn Menschen sich in der Natur aufhalten, während sich in urbanen Zentren Körper und Geist weniger schnell regenerieren (Hartig, Evans, Jamner, Davis u. Gärling, 2003).

In Japan ist Shinrin Yoku bereits seit 1982 ein Teil des nationalen öffentlichen Gesundheitsprogramms und wird vom Ministerium für Landwirtschaft, Wald und Fischerei dringend empfohlen (Medisana, 2020). Auch in westlichen Kulturräumen wird zunehmend darauf hingewiesen, dass Shinrin Yoku in Gesundheitsprogramme und nationale, öffentliche Strategiepläne zur Gesundheitserhaltung aufgenommen werden sollte (Antonelli et al., 2021). Im klinisch-psychologischen Feld wurde Shinrin Yoku in Japan bereits seit den 1980er-Jahren eingesetzt (Hansen, Jones u. Tocchini, 2017). Dreißig Jahre später gilt Shinrin Yoku als eine weitläufig akzeptierte Methode, die über nationale Grenzen hinaus praktiziert wird und in den USA und auch in Europa Akzeptanz und Anwendung findet (Muro, Feliu-Soler, Canals, Parrado u. Sanz, 2022; Grow wild, 2021). Oftmals ist sie jedoch interkulturell adaptiert worden (Duke u. Lucardi, 2022; Plevin, 2018), etwa in Korea, wo die Methode als »Salim Yok« bekannt ist. Im Prinzip ist Shinrin Yoku auf eine Heilung in der Präsenz von Bäumen und im Wald, also im Kontext unberührter Natur, angelegt. Dabei verbindet sich der postmoderne Mensch mit der Natur. Die Methode hat zweierlei Sinn: Einerseits nimmt der Mensch die Atmosphäre des Waldes in Körper, Geist und Seele auf, um ganz im Wald zu sein und somit einen Gegenpol zum Technikboom zu erfahren. Andererseits sollte die Methode dazu dienen, die Verbindung zwischen Menschen und der Natur zu stärken und somit die Wälder und die Natur zu schützen (Fitzgerald, 2019). Ein Spaziergang in Wald, Natur oder Park trägt nachweislich deutlich zur Gesundheit, zum Wohlbefinden und zur Erholung bei (Meredith et al., 2019; Park et al., 2007; Yuen u. Jenkins, 2019; White et al., 2019). Aktuelle Forschungen haben auch im Zusammenhang mit der COVID-19-Pandemie zeigen können, dass Waldbaden und Aktivitäten in der Natur hohe Relevanz für die psychische Gesundheit haben (Roviello et al., 2021). Miyazaki (2018) hebt hervor, dass diese positive Wirkung des Waldes und der Natur kaum verwunderlich ist, da Menschen im Laufe der Menschheitsgeschichte viel Zeit in der Natur verbracht haben.

7.2 Natur in Therapie und Beratung

Es gibt unzählige Forschungen zu Gesundheit, Naturerlebnissen, Naturerfahrungen und auch speziell zu Shinrin Yoku, die zeigen, dass und wie Waldbaden auf unterschiedlichsten Ebenen zur Gesundheit beiträgt. Der Schweizer Psychiater Carl Gustav Jung war der erste professionelle Psychotherapeut, der die Naturerfahrung in seinen therapeutischen Ansatz aufnahm, da er erkannte, dass der Mensch »natürlich« sein müsse und durch die Erfahrung der äußeren Natur zu seiner inneren Natur zurückfinden werde (Jung, 1991).

Eine systematische Übersicht über die Effekte des Waldbadens als einem wichtigen Bereich der Naturtherapie geben Kotera, Richardson and Sheffield (2022). Sie zeigen auf, dass Shinrin Yoku zur Stärkung des Immunsystems durch Erhöhung der Anzahl der körpereigenen natürlichen Killerzellen beiträgt, den Blutdruck senkt, Stress und Stresssymptome verringert, gegen Depressionen hilft und allgemein die Stimmung aufhellt. Es steigert zudem die Konzentrationsfähigkeit und trägt dazu bei, sich nach Operationen schneller zu erholen. Diese Wirkungen werden einerseits auf Phytonzide – ätherische Öle in Holz, Pflanzen und einigen Obst- und Gemüsesorten – zurückgeführt, die von den Bäumen abgegeben werden, um sich vor Keimen und Insekten zu schützen. Andererseits verbessert das Einatmen von Phytonziden aus der Waldluft tatsächlich die Funktion des Immunsystems (Li et al., 2009).

Shirin Yoku erfüllt jedoch auch noch weitere Funktionen, die durchaus therapeutisch sein können bzw. therapeutischen Ritualen nahekommen: Wenn Menschen den Wald betreten, werden von manchen besondere Rituale durchgeführt. Sie heben beispielsweise einen Stein auf, legen ein Problem hinein und lassen den Stein – und somit das Problem – für die Dauer des Spaziergangs fallen. Ist der Spaziergang beendet, können sie den Stein und das Problem entweder wieder mitnehmen oder es dort liegen lassen.

Die Einbeziehung der Natur in therapeutische Zusammenhänge lässt die Berücksichtigung vielfältiger Aspekte zu, wie beispielsweise die Trauer von Menschen über die Entfremdung von der Natur, das Beobachten natürlicher Lebenszyklen, die Heilung durch Naturerleben oder die Enttechnologisierungserfahrungen (Knümann, 2019).

7.3 Natur und Waldbaden aus systemischen Perspektiven

Die systemische Naturtherapie nutzt die positive, heilende Wirkung der Natur auf Körper, Seele und Geist proaktiv (Kreszmeier, 2021). Dabei werden parallel zu den sozialen Konstellationen auch Natur und Umwelt als Systemelemente einbezogen (Köhler, 2021). Laut Kreszmeier (2021) basiert der Ansatz der systemischen Naturtherapie auf der systemischen Therapie und der Erlebnistherapie nach Ruth Cohen (Pfeifer, 2019). Die systemische Naturtherapie begründeten Astrid Habiba Kreszmeier und Hans-Peter Hufenus (Kreszmeier u. Hufenus, 2000). In ihrer idealtypischen Form findet die Therapie als mehrtägige Reise durch ausgewählte Landschaften statt, kann jedoch auch in Form kurzer Aufenthalte in spezifischen natürlichen Settings stattfinden und folgt der Leitidee, sich durch die Naturerfahrung unmittelbar und bedingungslos mit dem Leben verbunden zu fühlen. Die Natur wird als Lösungsweg für Probleme und Ressource der Selbstheilung verstanden (Querwaldein 2021), wobei unterschiedliche Naturräume wie Meer, Seen, Flüsse, Berge oder Wald als Anreize für innere Entwicklungspotenziale dienen. Elemente wie Feuer, Erde, Wasser und Luft werden aktiv in ihrem Wirkungspotenzial für heilende Prozesse genutzt: Die bewusste Reflexion des Natur- und Menschenbilds unterstützt das Verständnis elementarer Kräfte und Kreisläufe. Angeleitete Naturerfahrung(en) sowie szenische Arbeitsformen, Aufstellungsarbeit, Mythenspiel, kreative Techniken und rituelle Strukturen stellen methodische Elemente der systemischen Naturtherapie dar und sind auf das Ziel ausgerichtet, auf unterschiedlichen Systemebenen existenzielle Fragestellungen und Sinnfragen einzubeziehen.

Köhler (2021) definiert die systemische Naturtherapie wie folgt: »Systemische Naturtherapie ist damit ein natur-dialogisches Verfahren, das der Beratung und Begleitung von Einzelpersonen, Lebensgemeinschaften, Teams und Organisationen dient. Es ist eine handlungs- und erlebnisorientierte Begleitungsform draußen in der Natur. Man kann von einem nicht-direktiven Verfahren und phänomenologisch orientierter Prozessbegleitung sprechen, die über rein sprachliche und intellektuelle Interventionsformen hinausgeht.«

Kreszmeier (2021) nimmt an, dass psychologische Vorgänge nicht ausschließlich als innere Vorgänge betrachtet werden dürfen, vielmehr ist davon auszugehen, dass sie stark mit der Umwelt verbunden sind und daher auch mit den Erfahrungen, die Menschen in Natur und Umwelt machen. Die psychotherapeutische Praxis wird hier als Erlebnisraum verstanden, der die eigene ökologische Verwobenheit erfahrbar macht und einlädt, das Leben im Einklang und in der Harmonie mit anderen Menschen, Lebewesen und der Umwelt zu gestalten. Sie basiert auf einem dreiteiligen holistischen Modell von Körper, Psyche (Emotionen und Bewusstsein) und einer transpersonal verstandenen Seele.

Viele Methoden, die in der systemischen Natur- und Ökotherapie genutzt werden, sind unter Nutzung der Elemente (Feuer, Wasser, Luft und Erde) (Querwaldein, 2021) ausgerichtet auf die Arbeit am

Selbst- und Körperbewusstsein und die Entdeckung der eigenen Vielschichtigkeit. Ebenso können für die Therapie besondere topografische Gegebenheiten (Wald, Fluss, Berg etc.) einbezogen und die eigene Lebensgeschichte kann im Spiegel der Natur erzählt werden. Dabei können biografische Ressourcen und »Untiefen« betrachtet und das eigene Gleichgewicht im Kontext von Natur und Umwelt rekonstruiert werden. Die systemische Naturtherapie nutzt Rituale und Reinigungsprozesse auf körperlicher, psychischer und seelischer Ebene, um alte Muster zu durchbrechen und neue Lebensfäden zu spinnen. In der Natur sind neue Erfahrungen von Zeit und Rhythmus erfahrbar und initiatorische Momente erlebbar. Die systemische Naturtherapie umfasst vier Prozessebenen (Baxa et al., 2004):
1. Grenzbildung (1), Reinigungs- und Integrationsprozesse
2. Einverleibung (2), Reinigungs- und Integrationsprozesse
3. Anbindung (3), Reinigungs- und Integrationsprozesse und Zusammenspiel der Ebenen Körper, Psyche und Seele
4. Einmittung (4), ausgeglichenes, zielgerichtetes Zusammenspiel der drei Ebenen und eine Verbindung mit ursprünglichen Lebenskräften

Diese naturbasierten Interventionen verstärken die Verbindung zur heilenden und nährenden Welt und Umwelt. Genutzt werden dazu Interventionen wie Naturmeditation, therapeutisches Landwirtschaften, naturtherapeutische Interventionen (wie Spaziergänge im Wald oder Park), Abenteuertherapie (wie Klettern im Gruppenkontext), Aufgabenbewältigung in der Natur und zum Schutz der Umwelt, tierbasierte Therapie und künstlerisches und handwerkliches Tun in der Natur (Buzzell u. Chalquist, 2009; Mind, 2018).

Aus systemischer Perspektive kommt der Natur eine besondere Rolle in therapeutischen Naturverfahren zu, die in drei Phasen einteilbar ist (Naor u. Mayseless, 2021):
1. Vorbereitung und Übergang – Schaffung der physischen und psychischen Voraussetzungen für den Wandel
2. Engagement und Herausforderung – Erlernen neuer und erweiterter Lebensweisen
3. Sinngebung und Integration – Ableitung persönlicher Bedeutung aus der Erfahrung und Integration in das tägliche Leben

Dabei erweist sich der Wald als zentraler Erlebnisraum, denn Heilung und persönliche Weiterentwicklung werden durch das Waldbaden und Waldspaziergänge besonders effektiv gefördert (Michalsen, 2020). Der Wald und das Waldbaden stellen somit eine wichtige Ressource und Quelle für Erholung und Energiegewinnung dar, die meist gut und leicht erreichbar sind, jedoch noch zu wenig in der Therapie genutzt werden (Büssing, 2023).

7.4 Ein Anwendungsbeispiel

Herr R. kommt ursprünglich aus Indien und ist vor sechs Jahren zum Studium nach Deutschland gekommen. Zuerst lebte er in einer Großstadt, die ihm gut gefallen hat, doch dann zog er wegen des Studienplatzes in eine deutsche Kleinstadt. Das Leben in der Kleinstadt sagt ihm nicht zu, vor allem nicht, weil er in dieser Stadt auch nach zwei Jahren bisher keinen Anschluss gefunden hat und keinen Freundeskreis aufbauen konnte. Er hat jedoch eine Freundin gefunden, mit der er nach einem Jahr zusammengezogen ist.

Herr R. stammt aus einer Familie, in der der Vater Alkoholiker ist, die Mutter starke Ängste hat und die ältere Schwester extrem erfolgreich ist. Er hat eine besonders starke Beziehung zur Mutter, die sich gerade von einer Herzattacke erholt.

Herr R. verbringt viel Zeit in seiner Wohnung, er vermisst soziale Kontakte. Er lebt mit seiner Freundin zusammen, doch diese arbeitet sehr viel und verbringt den gesamten Tag in einem anderen Zimmer, in dem sie ihrer Arbeit im Homeoffice nachgeht.

7.4.1 Hintergrund der Therapie

Zur Zeit des Therapiebeginns studiert Herr R., während seine Freundin eine Ganztagsstelle hat, die mit sehr vielen Überstunden verbunden ist. Herrn R. ist die Therapeutin empfohlen worden. Er äußert in der ersten Sitzung den Wunsch, seine Schmerzen loszuwerden, von denen er mittlerweile überzeugt ist, dass sie psychischen und nicht körperlichen Ursprungs sind. Er leidet an einer Darmentzündung, die das erste Mal in seinem achten Lebensjahr auftrat. Damals lebte er mit seiner Familie in einer kleinen Stadt in Ostindien. Die Eltern stellten ihn unterschiedlichen Ärzt*innen vor, denen es jedoch nicht gelang, die Ursache der körperlichen Symptome finden.

Nachdem er die Schule beendet hatte, zog er zum Studium in eine größere Stadt. Da seine Mutter ihn nicht allein dort hinziehen lassen wollte, zog sie ihm hinterher. Sie lebten dort mehrere Jahre gemeinsam. Er wurde immer wieder von starken Schmerzen in Bauch und Rücken heimgesucht. Vor sechs Jahren zog Herr R. nach Deutschland, um sein Studium fortzusetzen. Kaum in Deutschland angekommen, verschlechterte sich sein Gesundheitszustand, woraufhin seine Schwester und seine Mutter nach Deutschland kamen, um sich um ihn zu kümmern. Auch in Deutschland konnten die Ärzt*innen keine körperlichen Ursachen erkennen und rieten ihm zu psychosomatischen Therapien. Diese führten jedoch zu keinerlei Veränderungen.

In der Therapie berichtet er von einer Zunahme seiner Schmerzen, wenn ein neuer, fordernder Lebensabschnitt vor ihm liegt oder ein Umzug bevorsteht. Über die Jahre hinweg hat sich der Schmerz verschoben und verändert: Er wanderte vom Bauch (Kindheit, acht Jahre alt, Schulbeginn) in den Rücken (16 Jahre alt, Oberstufe in einem Internat, entfernt vom Lebensort der Eltern), in die Blase (18 Jahre alt, Studium in einer neuen, großen, südindischen Stadt) und die Hoden (22 Jahre alt, kurz vor Umzug nach Deutschland). Kurz vor seinem Umzug in die deutsche Kleinstadt stellten sich besonders starke Schmerzen im Knie ein (25 Jahre alt, Umzug von deutscher Großstadt in Kleinstadt). In der Nacht, in der er mit seiner Freundin zusammenzog, bekam er derart starke Schmerzen im gesamten Körper, dass er am nächsten Tag das Bett nicht verlassen konnte. Er begann eine sechsmonatige Behandlung in einer neurologischen Klinik, doch die Schmerzen blieben bestehen. Bei Beginn der systemischen Therapie quälen ihn extreme Knieschmerzen und Spasmen im Genick, die ihm kaum noch erlauben, am Schreibtisch zu sitzen.

7.4.2 Interventionen

Die Therapeutin nutzt in der Therapie das Genogramm, Familienaufstellungen auf dem Familienbrett und unterschiedliche systemische Interventionen. Herr R. meint zu erkennen, dass seine Probleme und

Schmerzen im Zusammenhang mit seiner Mutter und seiner Schwester stehen könnten. In der folgenden Sitzung berichtet Herr R. von seiner Vermutung, dass die Schmerzen etwas mit der Schwester zu tun haben könnten und damit, dass er immer das »schwarze Schaf« in der Familie war, abgelehnt wurde und stets im Schatten seiner Schwester stand. Parallel zu unseren Sitzungen geht er zur Hypnose, die ihm jedoch nicht hilft.

In jeder Sitzung spricht er mehr und mehr davon, wie er seine Heimat vermisst und vor allem seine Wanderungen durch die Berge in seiner Heimatstadt. Die Therapeutin schlägt vor, die Therapie während der Sommermonate in den Park nahe des Stadtwaldes zu verlegen. Herr R. stimmt zu und bringt zum Ausdruck, dass ihm jedes Mittel recht sei, das zu einem Ende der Schmerzen führe. Die Sitzungen finden erst auf einer Parkbank statt, dann auf einer Picknickdecke und in den folgenden Sitzungen auf Spaziergängen im Wald. Der Aufenthalt im Wald, so sagt er, tue ihm gut während der Sitzungen.

Die Therapeutin stellt Herrn R. Fragen zur Verfügung, die er dann auf einem Weg allein durch den Wald bearbeitet. Er nutzt für die Beantwortung Papier und Stift und bearbeitet unterschiedliche Fragestellungen wie zum Beispiel »Woher kommen die Schmerzen?«, »Haben die Schmerzen eine einzige Ursache oder haben die unterschiedlichen Schmerzen mehrere Ursachen?«, auch »Welche Lösung gibt es für die Schmerzen?«.

Auf seinem Weg durch den Wald macht sich Herr R. Notizen, notiert Beobachtungen und Erfahrungen, stets die jeweilige Fragestellung im Hinterkopf behaltend. Mit seinen Notizen kehrt er zurück in die Sitzungen. Die Notizen, die oftmals zunächst unabhängig von der Fragestellung zu sein scheinen, werden besprochen. Bei näherer Betrachtung und im Laufe der Besprechung scheinen jedoch unterliegende Themen auf. An Wegkreuzungen beispielsweise wählt Herr R. oftmals einen Weg, von dem er glaubt, dass er ihn gehen müsse, obwohl er intuitiv lieber einen anderen Weg wählen würde. Gelegentlich entscheidet er sich für Umwege, die dann zu einer Verschlimmerung der Knieschmerzen führen. Zugleich zeigt sich, dass während des Laufens die Schmerzen normalerweise weniger stark ausgeprägt sind als während des Sitzens. Sobald er innerlich engagiert ist, sind die Schmerzen weniger stark zu spüren.

Mit der Zeit führt er täglich zwanzig- bis dreißigminütige Waldspaziergänge durch, weil er merkt, wie gut ihm die Zeit in der Natur tut. Manchmal, so berichtet er in den Sitzungen, nimmt er einen Stein und legt die Schmerzen bei Waldeintritt darin ab. Anfangs gelang es ihm nicht immer, doch nach und nach funktioniert dies immer besser, sodass er sich nach einigen Wochen beschwerdefrei im Wald bewegen kann. Nach einiger Zeit hat er diverse Steine gesammelt, die die unterschiedlichen Schmerzregionen repräsentieren, ein besonders großer Stein steht für den Gesamtschmerz.

Eines Morgens, so berichtet er in einer Sitzung nach einigen Monaten, hörte er im Wald die Stimme seiner Mutter, die ihm etwas in seiner Erstsprache zurief. Was sie sagte, konnte er nicht verstehen, und als er am Abend seine Mutter anrief und ihr von dem Erlebnis berichtete, wusste diese damit nichts anzufangen.

Herr R. beendet seine Therapiesitzungen einige Wochen nach diesem Ereignis. Seine Waldwanderungen bewältigt er weiterhin beschwerdefrei. Auch geht es ihm im Alltag besser. Er fühlt sich erholter und nicht mehr so einsam wie noch vor der Therapie. Er berichtet von seinem Entschluss, sich von seiner Freundin zu trennen, nach Indien zurückzugehen und sich eine Arbeit zu suchen. Um die Schmerzen ganz zu überwinden, so meint er, müsse er an den Ursprungsort des Schmerzes zurückkehren.

In der letzten Sitzung wird vereinbart, dass Herr R. in Indien weiterhin Spaziergänge durch Wald und Berge unternimmt und diese mit bestimmten Fragestellungen belegt. Er ist überzeugt, bestimmte Personen treffen zu müssen, um die Schmerzen vollständig erkennen und auflösen zu können. Mithilfe von Visualisierungen bereitet er sich auf die neuen Wege in die Heimat vor, die es für ihn zu begehen gilt, um das Phänomen seiner Schmerzen ergründen und überwinden zu können.

7.5 Best Practices in und mit der Natur

In die systemische Therapie und Beratung kann das Waldbaden auf einfache und unkomplizierte Weise eingebaut werden. Dabei können unterschiedliche Übungen, Rituale, Prozesse und Interventionen integriert werden. Besonders systemische Interventionen und Elemente können helfen, Natur oder auch den Wald im Besonderen in die Therapie einzubeziehen. Soll jedoch lediglich Shinrin Yoku in seiner klassischen Form genutzt werden, sind die folgenden Schritte empfohlen.

Die Klient*innen können entweder selbst proaktiv Waldbaden nutzen und ihre Erfahrungen später in den Sitzungen besprechen. Die Therapeut*innen können jedoch auch das Waldbaden in die Therapie integrieren und mit bestimmten Aufgaben verknüpfen, Teile der Sitzungen in den Wald verlegen oder die Klient*innen während der Sitzungen mit bestimmten Aufgabenstellungen in den Wald schicken. Folgende Schritte können als Anhaltspunkte eines klassischen Waldbadens genutzt werden.

Schritt 1

Verzichten Sie auf technische Geräte oder andere Ablenkungen, damit Sie sich auf das Erlebnis der Natur und des Waldes einlassen können.

Schritt 2

Lassen Sie Ziele und Erwartungen hinter sich. Gehen Sie in den Wald oder in die Natur. Wandern Sie ziellos umher und erlauben Sie Ihrem Körper, Sie dorthin zu führen, wohin er will.

Schritt 3

Halten Sie von Zeit zu Zeit inne, um die Natur mit allen Sinnen zu erleben, ein Blatt genauer zu betrachten, Pflanzen anzuschauen, den Duft des Waldes einzuatmen oder den Boden unter den Füßen wahrzunehmen.

Schritt 4

Suchen Sie sich einen bequemen Platz und lauschen Sie den Geräuschen um Sie herum. Beobachten Sie, wie sich das Verhalten der

Vögel und anderer Tiere verändert, wenn sie sich an Ihre Anwesenheit gewöhnt haben. Halten Sie inne und nehmen Sie einfach nur wahr.

Schritt 5

Wenn Sie mit anderen gehen, vereinbaren Sie, bis zum Ende des Spaziergangs nicht zu reden, sondern sich anschließend zu versammeln, um Ihre Erfahrungen auszutauschen. Sollten Sie allein waldbaden, evaluieren Sie im Anschluss für sich selbst, wie das Waldbaden auf Sie gewirkt hat, was Sie erlebt, was Sie empfunden haben oder auch wie Sie Ihre Erlebnisse bewerten würden. Sollte das Waldbaden Teil einer therapeutischen Sitzung sein, so schauen Therapeut*in und Klient*in im Anschluss auf die eventuell gestellten Aufgaben und die Notizen.

Seien Sie sich bewusst, dass es beim Waldbaden »kein Richtig und kein Falsch« gibt und dass das Waldbaden individuell, situational und kontextual angepasst werden kann. Es kann an unterschiedlichen Stellen der Therapie direkt eingebaut oder aber auch als Hausaufgabe formuliert werden.

7.6 Reflexionsfragen

Die folgenden Fragen können die vertiefte Reflexion im Kontext von Naturtherapie und Waldbaden mit Bezug zum systemischen Denken und Handeln in systemischer (Natur-)Therapie und Beratung unterstützen:
- Welche Themen und Bereiche eignen sich aus Sicht von Therapeut*in und Klient*in besonders gut für eine Therapie in der Natur?
- Wie arbeiten Sie am besten mit Natur und Waldbaden in der systemischen Therapie und Beratung?
- Welche Rituale können besonders gut in der Natur durchgeführt werden?
- Wie können sich Therapeut*in und Klient*in am besten in der Natur entspannen und Körper, Geist und Seele reinigen?
- Wie lässt sich das System Natur optimal in die Therapie einbeziehen und welche Bedeutungen kann es für die Beteiligten haben?

- Welche spezifischen Interventionen können hilfreich sein?
- Welchen Prozessabläufen folgen Therapeut*in und Klient*in in der Therapie?
- Welche Fragestellungen nehmen Klient*innen (und Therapeut*innen) mit in den Wald?
- Soll der Wald eher ein Resonanzraum während eines meditativen Aufenthaltes sein oder soll er systemisch eingebunden und symbolisch betrachtet werden?

Im Hinblick auf Entspannung, Entscheidung, neue Einsichten, neue Perspektiven und Visionen können in der Naturtherapie folgende Fragestellungen aufgegriffen werden:
- An welchem Punkt/Ort stehen die Klient*innen?
- Welchen Weg haben sie in ihrem Leben zurückgelegt?
- Was ist die Vision?
- Wo will der*die Klient*in hin?
- Wie kann sich der*die Klient*in verwurzeln?
- Welche Ressourcen haben die Klient*innen, wo und wie zeigen sie sich?
- Welche Wege sind die Klient*innen bisher gegangen, welche Hürden haben sie genommen und welche Symbole finden sie im Wald für diese Wege, Handlungen, Hürden, Lösungen?
- Wie kann die Achtsamkeit der Klient*innen gefördert werden und worauf legen sie ihren Fokus, während sie sich in der Natur befinden?
- Welchen Heilungsweg möchte der*die Klient*in einschlagen? Was steht/sitzt/liegt im Weg?
- Wie können Familiensysteme in das Waldbaden einbezogen werden? Können die Klient*innen Personen des Systems, das Lösung braucht, einbeziehen?
- Wenn ein unmittelbarer Aufenthalt in der Natur nicht möglich ist: Wie können Klient*in und Therapeut*in die Natur imaginieren und als Systemelement in den Sitzungen nutzen?
- Was repräsentieren Naturelemente wie Wald, Wüste, Berge, Ozean, See, Teich, Tümpel, Tiere im System des*der Klient*in?
- Wie kann die Natur als Systemelement das Familiensystem, Problemsystem, System des Individuums unterstützen?

Abschließend reflektieren Sie, wie Sie die Naturtherapie und besonders das Waldbaden in Ihrer systemischen Therapie und Beratung als Intervention integrieren könnten und welchen Unterschied dies für Sie oder Ihre Klient*innen machen würde, wenn Sie mit den Klient*innen gemeinsam den Wald als Ort der Heilung in die Sitzungen einbezögen.

8 EPILOG

> »Sterne sind Gottestänzer.«
> Peter Hille (1904, S. 71)

8.1 Neue Einblicke

Anliegen der sieben Sternstunden ist es, Themen in den Fokus zu rücken, die in der alltäglichen systemischen Therapie und Beratung in Theorie und Praxis bislang nur selten Beachtung finden. Einen systemischen Blick auf diese Themen zu werfen, trägt dazu bei, Theorien und Perspektiven aus anderen Kontexten zu nutzen, um systemisch-theoretische Ansätze auf neue Art und Weise zu denken und praktische Implikationen zu entdecken.

In diesem Sinne trägt das Buch dazu bei, die systemische Theorie und Praxis – die bereits vielfältige Lehr-, Lern- und Handlungsfelder beeinflusst – um neue theoretische Ansätze zu erweitern, an neue Bereiche anzukoppeln und/oder sich davon abzugrenzen (Lindemann u. Trumpa, 2021). So wurden in diesem Buch die Themen Ikigai, der Existenzialismus nach Albert Camus, das Dreieck Technologie, Therapie und Tiefe Beziehung sowie Liebe, Systemdynamiken, die Terror-Management-Theorie und das Waldbaden im Kontext systemischer Ansätze ergründet.

Dies sollte systemischen Therapeut*innen neue Einblicke vermitteln, dem systemischen Prinzip von Andersen (1990) folgend: »etwas Neues, etwas Bekanntes und etwas Verwirrendes«.

Ziel der systemischen Therapie und Beratung ist es unter anderem, Fähigkeiten zur (Selbst-)Beobachtung, Reflexivität und Selbstdistanzierung zu stärken, also Menschen darin zu unterstützen, über sich selbst, ihre Vorgehensweisen und Vorannahmen nachzudenken, und zu beobachten, welche Folgen ihr Handeln oder Nichthandeln für sie selbst und für andere Personen hat. Dazu können diese Sternstunden einen nachhaltigen Beitrag leisten: In dem neue Felder im Zusammenhang des systemischen Denkens erschlossen werden, werden im Idealfall neue Perspektiven eröffnet und Blickrichtungen erweitert. Dabei geht es schließlich auch darum, eine*n »innere*n Beobachter*in« zu kreieren, die*der kreativ und systemorientiert denkt, neue Lösungen erschließt und zum bewussten Handeln befähigt – besonders in Zeiten globaler Unruhe, autoritärer Führungsstile und radikalisierter, antidemokratischer Bewegungen.

In den vergangenen Jahren ist die Vielfalt der theoretischen und methodischen Ansätze der systemischen Therapie und Beratung stark gestiegen (Klein u. Kannicht, 2020). In diesem Sinne zeigen die Sternstunden überschaubare, bislang in der systemischen Theorie und Praxis kaum ergründete Felder auf, die es noch tiefer zu erkunden gilt. Das »Fischen in für die systemische Theorie fremden Gewässern« eröffnet neue Sichtweisen und fördert die Entwicklung neuer Orientierungen und Interventionen, die Therapeut*innen nutzen können, um durch therapeutische und beraterische Realitäten zu navigieren (Simon u. Weber, 2017).

8.2 Ausblick

Systemisches Denken basiert auf den ganzheitlichen Betrachtungen mit den jeweils klaren oder auch unklaren Zielen, aktuellen Problemen, individuellen Ressourcen sowie persönlichen und kollektiven Entwicklungsherausforderungen auf Basis einer lösungsorientierten Grundhaltung. Obwohl systemische Ansätze eigentlich auf das »Hier und Jetzt« fokussieren, beziehen sie auch die Entfaltung bisher ungenutzter Potenziale und die Entwicklung einer positiven, sinnstiftenden Zukunft mit ein. Diese Zukunft basiert auf den Eigenschaften des Individuums und seiner Umwelt, den spezifischen Gegebenheiten und den soziokulturellen Kontakten. Die systemische Grundhaltung fußt darauf, dass Menschen Probleme durch die Aktivierung vorhandener (unbewusster oder verschütteter) Ressourcen und Impulse bzw. Veränderungen im System lösen können. Die Kombination systemischer Ideen und Gedanken mit anderen theoretischen Ansätzen kann förderlich auf Gegenwart und Zukunft wirken und Veränderungen einleiten, die sinnstiftend, transdisziplinär und transkulturell bedeutsam sind und dazu beitragen können, den globalen systemischen Herausforderungen konstruktiv zu begegnen. In Zukunft sind wahrscheinlich zunehmend ressourcen- und lösungsorientierte, prozess- und systemorientierte Interventionen vonnöten. Therapeut*innen können dabei das System der Klient*innen nicht durch direkte Einflussnahme steuern, sondern nur Impulse geben, die eventuell vom jeweiligen System angenommen werden. Denn nur jener Input wird vom System genutzt und verarbeitet, der aus Systemsicht als relevant, interessant, sinnhaft oder notwendig klassifiziert wird. Die Auseinandersetzung mit Ikigai, dem Waldbaden, den Systempsychodynamiken oder technologischen Einflüssen kann dazu beitragen, neue Systemelemente in die Sitzungen einzubringen, die neue Sinnerfahrungen in der Geschichte, Dynamik und Gestaltung des Beziehungsdreiecks von Therapeut*in, Klient*in und Lernprozess ermöglichen.

Parallel zu den systemischen Methoden und Theorien (siehe z. B. Levold u. Wirsching, 2020) können die hier beschriebenen Sternstunden hoffentlich einen Beitrag dazu leisten, den »Himmel der systemischen Zusammenhänge« zu erhellen oder neue Orientierungspunkte am Horizont zu identifizieren, die den eigenen Horizont erweitern helfen.

»Wer seine Zukunft in den Sternen sucht,
hat seinen eigenen Horizont verlassen.«
Willy Meurer

Danksagung

Mein Dank gilt Ingrid Voßler, der Gründerin und ehemaligen Leiterin des *Kasseler Instituts für systemische Therapie und Beratung* (KI). Bei Ingrid habe ich sowohl meine Ausbildung zur systemischen (Familien-)Therapeutin in den Jahren 2005–2007 absolviert als auch jene in systemischer Aufstellungsarbeit in den Jahren 2011–2013. Zwischen 2011 und 2016 besuchte ich am KI eine Weiterbildung zur systemischen Lehrtherapeutin und schloss sie 2016 mit der Zertifizierung bei der Systemischen Gesellschaft (SG) ab. Im Zuge dieser Ausbildungen lernte ich, systemisch zu denken, zu fühlen und zu handeln und zudem empathisch, partizipativ, tiefgründig und proaktiv zu leiten. Es gelang mir zunehmend besser, in die tieferen Dynamiken von Beziehungen zu blicken und mehr zu sehen als das, was auf den ersten Blick wichtig erscheint. Mein tiefer Dank gilt daher Ingrid, die mein Leben als Ausbilderin und Supervisorin, aber auch als systemische Denkerin, Beraterin und Therapeutin und nicht zuletzt auch als Mensch stark bereichert hat.

Im März 2021 schlug ich Ingrid vor, die »Sternstunden« ins Leben zu rufen: eine Online-Veranstaltungsreihe, mit der das Anliegen verbunden war, systemische Theorie und Praxis zusammenzubringen und inspirierende Diskurse auszulösen. Zugleich verknüpfte ich damit das Anliegen, umweltbewusst(e) (Weiter-)Bildung zu betreiben und diese Veranstaltungen mit einem ökologischen Nachhaltigkeitsanliegen zu verbinden, zum Beispiel einem Baumpflanzungsprojekt. Ingrid griff diese Ideen sofort auf und so wurde es möglich, seit 2021 am KI »Bäume zu (ver-)setzen«.

Bereits 2021 wurde die erste von insgesamt sieben Sternstunden realisiert. Von der ersten Stunde an flossen die Einnahmen in das Projekt »PLANT-MY-TREE«, das in Hessen lokal Bäume pflanzt. Während im Jahr 2021 vor allem ich selbst die Sternstunden bestritt, luden wir ab 2022 unterschiedliche Referent*innen für die Sternstunden ein, die sich seither zu einem lebendigen Online-Projekt des Instituts entwickelt haben.

Mein Dank gilt Ingrid dafür, dass das KI ökologisch-nachhaltige Weiterbildung umsetzt, und er gilt auch all jenen, die an den Sternstunden teilgenommen und dazu beigetragen haben, dass bereits über 300 Bäume gepflanzt werden konnten.

Mein weiterer Dank gilt meiner Freundin und Kollegin Elisabeth Vanderheiden für unsere Gespräche über Systemisches und Interkulturelles und für das sprachliche Editieren meines Textes. DANKE!

Literatur

Ali, G., Lalani, N. (2020). Approaching spiritual and existential care needs in health education: Applying SOPHIE (Self-Exploration through Ontological, Phenomenological, and Humanistic, Ideological, and Existential Expressions). Practice Methodology. Religions, 11, 451. doi: 10.3390/rel11090451.

Andersen, T. (1990). Das reflektierende Team. Dialoge und Dialoge über Dialoge. Dortmund: verlag modernes lernen.

Andersson, G., Cuijpers, P. (2009). Internet-based and other computerized psychological treatments for adult depression: A meta-analysis. Cognitive Behaviour Therapy, 38 (4), 196–205.

Andersson, G., Topooco, N., Havik, O., Nordgreen, T. (2016). Internet-supported versus face-to-face cognitive behavior therapy for depression. Expert Review of Neurotherapeutics, 16 (1), 55–60.

Antonelli, M., Donelli, D., Carlone, L., Maggini, V., Firenzuoli, F., Bedeschi, E. (2021). Effects of forest bathig (shinrin-yoku) on individual well-being: An umbrella review. International Journal of Environmental Health Research, 1842–1867.

Arauner, S. (2018). Ikigai oder das Glück im Alltag. JAPANDIGEST. https://www.japandigest.de/aktuelles/kolumne/ikigai/ (Zugriff am 31.05.2023).

Armstrong, D. (2005). Organisation in the mind: Psychoanalysis, group relations and organisational consultancy. London: Karnac.

Armstrong, D., Rustin, M. (2015). Social defences against anxiety: Explorations in a paradigm. London: Karnac.

Aronson, R. (2022). Albert Camus. The Stanford Encyclopedia of Philosophy (Winter 2022 Edition). Ed. E. N. Zalta, U. Nodelman. https://plato.stanford.edu/archives/win2022/entries/camus (Zugriff am 04.06.2023).

Asamoah-Gyawu, J., Amoako, M., Yeboah, G., Ntoaduro, A., Dadebo, A. A., Attila, F. L. (2022). Viewpoints of Students towards Cyber Counselling. Asian Journal of Education and Social Studies, 37(2), 30–36.

Atkins, H., Kellner, K., Linklater, J. (1997). Becoming a psychoanalytically informed consultant. In J. E. Neumann, K. Kellner, A. Dawson-Shepherd (Eds.), Developing organizational consultancy (pp. 140–158). New York: Routledge.

Balaouras, P., Birgisdóttir, B. J., Crepulja, M. L., Dores, A. R., Eisenreich W., Drda-Kühn, K., Hudej, N., Köttner, H.-J., Schlenk, E., Sigurðardóttir, A., Silva, R. A., Stevanovic, A. (2016). Therapie 2.0. Counselling and therapeutic interactions with digital natives. https://www.ecounselling4youth.eu/online-material/courses/files/guidelines_de.pdf (Zugriff am 09.06.2023).

Bandler, R., Grinder, J. (1995). Reframing. Ein ökologischer Ansatz in der Psychotherapie. Paderborn: Neurolinguistische Programme.

Bandler, R., Grinder, J. (1997). Neue Wege der Kurzzeittherapie. Paderborn: Neurolinguistische Programme.

Barker, G. G., Barker, E. E. (2021). Online therapy: Lessons learned from the Covid-19 health crisis. British Journal of Guidance & Cunselling, 50 (1), 66–81.

Barrett, W. (1958). Irrational man: A study in existential philosophy. New York, NY: Anchor.

Bateson, G. (1985). Ökologie des Geistes. Anthropologische, psychologische und epistemologische Perspektiven. Frankfurt a. M.: Suhrkamp Taschenbuch Wissenschaft.

Bateson, G. (1987). Geist und Natur. Eine notwendige Einheit. Frankfurt a. M.: Suhrkamp.

Bateson, G., Ruesch, J. (1995). Kommunikation: Die soziale Matrix der Psychiatrie. Heidelberg: Carl-Auer.

Baumeister, R. (1991). Meanings in life. New York: The Guilford Press.

Baxa, G. L., Essen, C., Kreszmeier, A. H. (Hrsg.) (2004). Verkörperungen. Systemische Aufstellung, Körperarbeit und Ritual (2., erw. Aufl.). Heidelberg: Carl-Auer Systeme.

Beck, U. C., Visholm, S. (2014). Authority relations in group relations conferences and in »real life« group relations conferences. Danish Design I 1, 14 (2), 227–237.

Becker, A., Küpper, W., Ortmann, G. (1988). Revisionen der Rationalität. In W. Küpper, G. Ortmann (Hrsg.), Mikropolitik, Macht und Spiele (S. 89–113). Opladen: Westdeutscher Verlag.

Becker, E. (1973). The denial of death. New York, NY: Free Press.

Bedenk, S., Kunert, S., Fietze, B. (2022). Der Faktor Zeit: Impulse für Coaching, Teamentwicklung und Organisationsberatung. Gruppe. Interaktion. Organisation, 53, 39–48. doi: 10.1007/s11612-022-00626-9

Beer, I. (2021). Psychologie-Apps: Gefahr für Minderjährige. https://www1.wdr.de/nachrichten/investigatives/psychologie-app-gefahr-jugendliche-100.html (Zugriff am 15.01.2023).

Bennett, S. (2022). Opinion piece: A trainee's experience of virtual psychotherapy. Kent Journal of Psychiatry, 2 (1), 40–44.

Ben-Ze'ev, A. (2019). The arc of love. How our romantic lives change over time. Chicago: The University of Chicago Press.

Bertanlanffy, L. von (1968). General system theory: Foundations, development, applications. New York: Braziller.

Bhatia, A., Gelso, C. J. (2018). Therapists' perspective on the therapeutic relationship: Examining a tripartite model. Counselling Psychology Quarterly, 31(3), 271–293. doi: 10.1080/09515070.2017.1302409

Bierhoff, H.-W., Rohmann, E. (2016). Schuld und Verzeihen. In H.-W. Bierhoff, D. Frey (Hrsg.), Soziale Motive und soziale Einstellungen (S. 739–757). Göttingen: Hogrefe.

Bilash, O. (2019). Study abroad, transformation, and ikigai: A case study. Forum for International Research in Education, 5 (2), 245–260. doi: 10.32865/fire201952170

Bimont, D., Werbart, A. (2018). »I've got you under my skin«: Relational therapists' experiences of patients who occupy their inner world. Counselling Psychology Quarterly, 31 (2), 243–268. doi: 10.1080/09515070.2017.1300135

Binder, H. P., Mesenholl-Strehler, E., Pass, P., Endler, P. C. (2006). Sense of coherence (SOC) among psychotherapists in Austria, differentiated according to number of individually completed training therapy sessions. Scientific World Journal, 6, 2196–2199.

Bion, W. R. (1961). Experiences in groups. London: Tavistock.

Biron, C., Burke, R. J. M., Cooper, C. L. (2014). Creating healthy workplaces. Stress reducation, improved well-being, and organisational effectiveness (2nd ed.). Farnham, UK: Ashgate Publishers.

Blackman, J. S. (2004). 101 defenses: How the mind shields itself. New York: Brunner-Routledge.

Bland, A. M. (2020). Existential givens in the COVID-19 Crisis. Journal of Humanistic Psychology, 60(5), 710–724.

de Board, R. (2014). The psychoanalysis of organisations: A psychoanalytic approach to behaviour in groups and organisations. London: Routledge.

Bradl, M., Lehmann, R. (2022). Evaluationsbericht der wissenschaftlichen Begleitforschung zum Modellprojekt HeLB – Helfen. Lotsen. Beraten. des donum vitae-Bundesverbands. Institut für E-Beratung an der Technischen Hochschule Nürnberg Georg Simon Ohm. https://opus4.kobv.de/opus4-ohm/frontdoor/index/index/year/2022/docId/906 (Zugriff am 01.06.2023).

Brahnam, S., Jain, L. C. (2011). Advanced computational intelligence paradigms in healthcare. Virtual reality in psychotherapy, rehabilitation, and assessment. Heidelberg: Springer.

Bredl, K., Bräutigam, B., Herz, D. (2017). Avatar-basierte Beratung in virtuellen Räumen. Die Bedeutung Virtueller Realität bei helfenden Beziehungen für Berater, Coaches und Therapeuten. Springer essentials. Wiesbaden: Springer.

Brehm, S. R. (2021). How to research performances of love with timelines. In C.-H. Mayer, E. Vanderheiden (Eds.), International handbook of love (pp. 521–539). Cham: Springer.

Brunner, L. D., Nutkevitch, A., Sher, M. (2006). Group relations conferences. Reviewing and exploring theory, design, role-taking and application. London: Karnac.

Büssing, A. (2023). Erleben von Natur und Zeiten der Stille in der Corona-Pandemie. Spiritual Care, 12 (1), 2–10.

Butler, J. F. (2008). The family diagram and genogram: Comparisons and contrasts. The American Journal of Family Therapy, 36 (3), 169–180. doi: 10.1080/01926180701291055

Buzzell, L., Chalquist, C. (2009). Ecotherapy: Healing with nature in mind. San Francisco: Sierra Club Books.

Campbell, D. (2007). The socially constructed organisation. London: Karnac.

Campbell, D., Grønbæk, M. (2006). Taking positions in the organisation. London: Karnac.

Campbell, D., Huffington, C. (2008). Organisations connected: A handbook of systemic consultation. London: Karnac.

Camus, A. (1942a). L'Étranger. Paris: Gallimard.

Camus, A. (1942b). Le Mythe de Sisyphe. Paris: Gallimard.

Camus, A. (1947). La Peste. Paris: Gallimard.

Camus, A. (2013). Leben heißt Handeln: Begegnungen mit Albert Camus. Textauswahl von R. Stäblein. Hörbuch/mp3. München: Der Hörverlag.

Cataldo, F., Chang, S., Mendoza, A., Buchanan, G. (2021). A perspective on client-psychologist relationships in videoconferencing psychotherapy: Literature review. JMIR Mental Health, 8 (2), e19004. doi: 10.2196/preprints.19004

Cilliers, F. (2004). A person-centered view of diversity in South Africa. The Person-Centered Journal, 11 (1–2), 33–47.

Cilliers, F. (2012). A systems psychodynamic description of organisational bullying experiences. South African Journal of Industrial Psychology, 38 (2). doi: 10.4102/sajip.v38i2.994

Cilliers, F., Greyvenstein, H. (2012). The impact of silo mentality on team identity: An organisational case study. SA Journal of Industrial Psychology, 1–9. doi: 10.4102/sajip.v38i2.993

Cilliers, F., Koortzen, P. (2005). Applying the CIBART consulting model at individual, group and organisational levels. HR Future, 113 (10), 52–53.

Cilliers, F., May, M. (2010). The popularisation of positive psychology as a defence against behavioural complexity in research and organisations. SA Journal of Industrial Psychology/SA Tydskrif vir Bedryfsielkunde, 36 (2), Art. #917. doi: 10.4102/sajip.v36i2.917

Cilliers, F., Smit, B. (2006). A systems psychodynamic interpretation of South African diversity dynamics: A comparative study. South African Journal of Labour Relations, 30 (2), 5–18.

Cilliers, F., Terblanche, L. (2010). The systems psychodynamic leadership coaching experiences of nursing managers. Health SA Gesondheid, 15 (1), Art #457. doi: 10.4102/hsag.v15i1.457

Ciompi, L. (1997). Die emotionalen Grundlagen des Denkens. Entwurf einer fraktalen Affektlogik. Göttingen: Vandenhoeck & Ruprecht.

Clarke, S., Hahn, H., Hoggett, P. (2008). Object relations and social relations. London: Karnac.

Colman, D., Bexton, H. (1975). Group relations reader 1. Jupiter, FL: A. K. Rice Institute.

Cooper, M. (2016). Existential Therapies (2nd ed.). Thousand Oaks: Sage Publications.

Cruickshank, J. (2023). Albert Camus. French Author. https://www.britannica.com/biography/Albert-Camus (Zugriff am 04.06.2023).

Cuartas Arias, J. M. (2017). Genogram: A tool for exploring and improving biomedical and psychological research. International Journal of Psychological Research, 10 (2), 6–7. doi: 10.21500/20112084.3177

Curtin, E. (2017). Remembering Albert Camus' »The Plague«: The world as a prison, It is the U. S. …? Global Research, January 04, 2017.

Curtis, H. (2015). Everyday life and the unconscious mind: An introduction to psychoanalytic concepts. London: Karnac.

Cytrynbaum, S., Noumair, A. (2004). Group dynamics, organisational irrationality, and social complexity: Group relations reader 3. Jupiter, FL: A. K. Rice.

Czander, W. M. (1993). The psychodynamics of work and organizations. New York: Guilford.

Dallos, R., Vetere, A. (2021). Systemic therapy and attachment narratives. Applications in a range of clinical settings. London: Routledge.

Dashtipour, P., Vidaillet, B. (2017). Work as affective experience: The contribution of Christophe Dejours' »psychodynamics of work«. Organization, 24 (1), 18–35.

David, R. M., Carroll, A. J., Smith, J. D. (2022). Virtual Delivery of Therapeutic Assessment: An empirical case study. Journal of Personality Assessment, 104 (3), 417–427.

Devlin, K. (2022). Shaping the digital space: exploring relationships in online music therapy session delivery. Nordic Journal of Music Therapy, 31 (3), 203–213.

Dimitrov, L. P. (2008). Organizational psychodynamics: Ten lectures for students, managers and consultants. Sofia, Bulgaria: Bulgarian Psychological Society.

Dossey, L. (2017). Confronting death consciously: a look at terror management theory and immortality awareness theory. Explore 1 (1), 1–7.

Duke, C., Lucardi, D. (Eds.) (2022). Special Issue Life deep learning. PIMA. Bulletin, 45. https://www.pimanetwork.com/post/bulletin-45-life-deep-learning (Zugriff am 09.06.2023).

Eisold, K. (2004). Leadership and the creation of authority. In S. Cytrynbaum, D. A. Noumair (Eds.), Group dynamics, organisational irrationality and social complexity: Group relations reader 3 (pp. 289–302). Washington, DC: A. K. Rice Institute.

Engelhardt, E. M., Piekorz, K. (2022). Einführung in die Onlineberatung per Messenger. Zeitschrift für Onlineberatung und computervermittelte Kommunikation, 18 (1/2), 18–33.

Fabritius, S. (2017). Ventures for a better society; 4th entrepreneurial revolution. Master thesis, Aalto University School of Science, Aalto, Finland.

Feybesse, C., Hatfield, E. (2014). Passionate love around the world. Paper presented at the International Congress of International Association of Cross-Cultural Psychology. Reims, France.

Fido, D., Kotera, Y., Asano, K. (2019). English translation and validation of the Ikigai-9 in a UK sample. International Journal of Mental Health and Addiction, 18 (5), 1352–1359. doi: 10.1007/s11469-019-00150-w

Fitzgerald, S. (2019). The secret to mindful travel? A walk in the woods. Visit these five destinations to practice the Japanese art of forest bathing. https://www.nationalgeographic.com/travel/article/forest-bathing-nature-walk-health (Zugriff am 31.05.2023).

Foerster, H. von (1995). Wissen und Gewissen. Versuch einer Brücke. Frankfurt a. M.: Suhrkamp.

Foerster, H. von, Glasersfeld, E. von, Peter, M., Hejl, S., Schmidt, J., Watzlawick, P. (1998). Einführung in den Konstruktivismus. München: Piper.

Forbes (2016). IBM shows off ›empathic‹ robot, offers Watson to diabetics. https://www.forbes.com/sites/matthewherper/2016/01/06/ibm-shows-off-empathic-robot-offers-watson-to-diabetics-at-ces/?sh=1b5fa018640c (Zugriff am 01.06.2023).

Fraher, A. L. (2002). The development of the Tavistock and Tavistock-inspired group relations movement in Great Britain and the United States: A comparative and historical perspective. Dissertations. 692. https://digital.sandiego.edu/dissertations/692 (Zugriff am 09.06.2023).

Fraher, A. L. (2004). A history of group study and psychodynamic organisations. London: Free Association Books.

Frankl, V. E. (1959). Man's search for meaning. Bosten, MA: Beacon Press.

Freud, S. (1921). Group psychology and the analysis of the ego. Complete works of Sigmund Freud. London: Hogarth.

Fromm, E. (1956). The art of loving: An enquiry into the nature of love. New York: Harper.

Frost, J. (2010). Kasuistik: Familienkonferenz bei ungünstiger Prognose. Erfahrungsheilkunde, 59 (4), 233–235.

García, E., Di Paolo, E. A., De Jaegher, H. (2021). Embodiment in online psychotherapy: A qualitative study. Psychology and Psychotherapy: Theory, Research and Practice, 95 (1), 191–211.

García, H., Miralles, F. (2017). Ikigai: The Japanese secret to a long and happy life. London: Penguin.

Geldenhuys, D. J. (2022). A conceptual analysis of the use of systems-psychodynamics as an organisation development intervention: A neuroscientific perspective. SA Journal of Industrial Psychology/SA Tydskrif vir Bedryfsielkunde, 48(0), a1940. doi: 10.4102/sajip.v48i0.1940

Gennep, A. van (1986). Übergangsriten. Frankfurt a. M./New York: Campus.

Glasersfeld, E. von (1996). Radikaler Konstruktivismus. Ideen, Ergebnisse, Probleme. Frankfurt a. M.: Suhrkamp.

Gould, L. J. (2004). Fraternal disciplines: Group relations training and systems psychodynamic organizational consultation. In L. J. Gold, L. F. Stapley, M. Stein (Eds.), Experiential learning in organizations: Applications of the Tavistock group relations approach (pp. 37–61). London: Karnac.

Gould, L. J., Stapley, L. F., Stein, M. (2001). The systems psychodynamics of organisations: Integrating the group relations approach, psychoanalytic, and open systems perspectives. London: Karnac.

Greenberg, J., Arndt, J. (2012). Terror management theory. In P. A. M. Van Lange, A. W. Kruglanski, E. T. Higgins (Eds.). The Handbook of theories of social psychology (pp. 398–415). London: Sage. Doi: 10.4135/9781446249215.n20

Greenberg, J., Pyszczynski, T., Solomon, S. (1986). The causes and consequences of a need for self-esteem: A terror management theory. In public self and private self (pp. 189–212). New York, NY: Springer. https://link.springer.com/chapter/10.1007/978-1-4613-9564-5_10 (Zugriff am 17.08.2023).

Greenberg, J., Solomon, S., Pyszczynski, T. (1992). Why do people need self-esteem? Converging evidence that self-esteem serves an anxiety-buffering function. Journal of Personality and Social Psychology, 63, 6, 9, 913–922.

Greening, T. (1992). Existential challenges and responses. The Humanistic Psychologist, 20 (1), 111–115. doi: 10.1080/08873267.1992.9986784

Gröning, K. (2022). Thesen zur Online-Supervision. Ein Phönomen und seine möglichen Bedeutungen. Forum, 74–85.

Grow Wild (2021). Grow wild. https://growwild.kew.org/get-involved/resources/how-to/forest-bathing (Zugriff am 04.06.2023).

Gullo, S., Lo Coco, G., Leszcz, M., Marmarosh, C. L., Miles, J. R., Shechtman, Z., Weber, R., Tasca, G. A. (2022). Therapists' perceptions of online group therapeutic relationships during the COVID-19 pandemic: A survey-based study. Group Dynamics: Theory, Research, and Practice, 26(2), 103–118. doi: 10.1037/gdn0000189

Haagen, M., Möller, B. (2013). Sterben und Tod im Familienleben. Beratung und Therapie von Angehörigen und Sterbenskranken. Göttingen: Hogrefe.

Hansen, M. M., Jones, R., Tocchini, K. (2017). Shinrin-Yoku (forest bathing) and nature therapy: a state-of-the-art review. International Journal of Environmental Research and Public Health, 14(8). doi: 10.3390/ijerph14080851

Hansson, K., Cederblad, M. (2004). Sense of coherence as a meta-theory for salutogenic family therapy. Journal of Family Psychotherapy, 15(1–2), 39–54.

Hargrave, T. D., Pfitzer, F. (2011). Restoration therapy. Understanding and guiding healing in marriage and family. New York: Routledge.

Harion, D., Loew, S. F., Settegast, S., Zink, D. (2021). Love in the psychiatric ward. In C.-H. Mayer, E. Vanderheiden (Eds.). International handbook of love (pp. 457–478). Cham: Springer.

Hartig, T., Evans, G. W., Jamner, L. D., Davis, D. S., Gärling, T. (2003). Tracking restoration in natural and urban field settings. Journal of Environmental Psychology, 23(2), 109–123.

Hau, S. (2002). Vom Traum zum Traumbild – Über das Zeichnen von Träumen. In S. Hau, W. Leuschner, H. Deserno (Hrsg.), Traum-Expeditionen (S. 183–200). Tübingen: Edition Diskord.

Hau, S. (2004). Über die visuelle Darstellung von Traumbildern. Tübingen: Edition Diskord.

Hayden, C., Molenkamp, R. J. (2004). Tavistock primer II. In S. Cytrynbaum, D. A. Noumair (Eds.), Group dynamics, organisational irrationality and social complexity: Group relations reader 3 (pp. 135–157). Washington, DC: A. K. Rice Institute.

Hayward, B., Roy, J. (2019). Sustainable living: Bridging the north south divide in lifestyles and consumption debates. Annual Review of Environment and Resources, 44, 157–175. doi: 10.1146/annurev-environ-101718-033119

Heine, S. J., Proulx, T., Vohs, K. D. (2006). The meaning maintenance model: On the coherence of social motivations. Personality and Social Psychology Review, 10, 88–110. Doi: 10.1207/s15327957pspr1002_1

Hendricks, S. (2023). The meaning of life: Albert Camus on faith, suicide, and absurdity. Big Think. https://bigthink.com/scotty-hendricks/the-

meaning-of-life-albert-camus-on-faith-suicide-and-absurdity (Zugriff am 04.06.2023).
Heßler, M. (2020). Technikemotionen. Einleitende Überlegungen zur historischen Ko-Konstruktion von Technik und Emotionen. Paderborn: Verlag Ferdinand Schöningh.
Hildenbrand, B. (2018). Genogrammarbeit für Fortgeschrittene. Vom Vorgegebenen zum Aufgegebenen. Heidelberg: Car-Auer.
Hille, P. (1904). Büchlein der Allmacht. In P. Hille, Gestalten und Aphorismen. Gesammelte Werke, Zweiter Band. Berlin, Leipzig: Schuster & Loeffler.
Hilsenroth, M., Cromer, T., Ackerman, S. (2012). How to make practical use of therapeutic alliance research in your clinical work. In R. Levy, J. S. Ablon, H. Kächele (Eds.), Psychodynamic psychotherapy research. Evidence-based practice and practice-based evidence. New York: Humana Press.
Hoffman, L. (2009). Emotion, experience, and embodiment. In: Existential Therapy. An introduction to Existential-Humanistic Psychology and Therapy. https://existential-therapy.com/emotions-experience-embodiment/(Zugriff am 04.06.2023).
Hogan, M. J. (2020). Collaborative positive psychology: solidarity, meaning, resilience, well-being and virtue in a time of crisis. International Review of Psychiatry, 32 (7–8), 698–712. doi: 10.1080/09540261.2020.1778647
Hörmann, M. (2020a). Systemisch beraten in digitalen Welten – Perspektiven und Herausforderungen. ZSTB, 38 (4), 143–149.
Hörmann, M. (2020b). Digital unterwegs im Möglichkeitsraum. In M. Vogt (Hrsg.), Einfach kurz und gut 2.0. Lösungsfokussierte Kurzzeittherapie in Theorie und Praxis (S. 119–127). Dortmund: verlag modernes lernen.
Hörmann, M., Aeberhardt, D., Flammer, P., Tanner, A., Tschopp, D., Wenzel, J. (2019). Face-to-face und mehr – neue Modelle für Mediennutzung in der Beratung. Schlussbericht zum Projekt. Olten: FHNW.
Howe, D. (2013). Empathy. What it is and why it matters. Oxford: Random House.
Hsu, J. (2001). Marital therapy for intercultural couples. In W. S. Tseng, J. Streltzer (Eds.), Culture and psychotherapy: A guide to clinical practice (pp. 225–242). Washington, DC: American Psychiatric Press.
Huffington, C., Armstrong, A., Halton, W., Hoyle, L., Pooley, J. (2004). Working below the surface. The emotional life of contemporary organisations. London: Karnac.
Idan, O., Braun-Lewensohn, O., Sagy, S. (2013). Qualitative, sense of coherence-based assessment of working conditions in a psychiatric in-patient unit to guide salutogenic interventions. In G. F. Bauer, G. J. Jenny (Eds.), Salutogenic organizations and change: The concepts behind organizational health intervention research (pp. 55–74). Dordrecht: Springer Science + Business Media.
Intersoll-Dayton, B., Campbell, R., Kurokawa, Y., Saito, M. (1996). Separateness and togetherness: Interdependence over the life course in Japanese and American marriages. Journal of Social and Personal relationships, 13 (3), 385–398.
Ishida, R. (2011). Enormous earthquake in Japan: Coping with stress using purpose in life/ikigai. Psychology, 2, 773–776.

Ishida, R. (2012a). Proposal to prevent alcohol dependence using purpose in life/ikigai to mimic the chemical effects of β-Endorphin. Psychology, 3 (7), 534–536.

Ishida, R. (2012b). Purpose in life (ikigai), a frontal lobe function, is a natural and mentally healthy way to cope with stress. Psychology, 3, 272–276. Doi: 10.4236/psych.2012.33038

Johnson, S. (2019). Halt mich fest. Sieben Gespräche über lebenslange Liebe (2. Aufl.). Paderborn: Junfermann.

Jonas, E., Fritsche, I. (2005). Terror Management Theorie und deutsche Symbole. Zeitschrift für Sozialpsychologie, 36 (6), 143–155.

Juhl, J. (2019). Terror management theory: A theory of psychological well-being. In C. Routledge, M. Vess (Eds.), Handbook of terror management theory (pp. 303–324). Cambridge, MA: Elsevier Academic Press.

De Jong, E. M., Ziegler, N., Schippers, M. C. (2020). From shattered goals to meaning in life: Life crafting in times of the COVID-19 Pandemic. Frontiers in Psychology, 11, 577708. doi: 10.3389/fpsyg.2020.577708

Jung, C. G. (1991). Die Archetypen und das kollektive Unbewusste. München: dtv.

Kaplan, R., Kaplan, S. (1989). The experience of nature: A psychological perspective. New York: Cambridge University Press.

Karandashev, V. (2015). A cultural perspective on romantic love. Online Readings in Psychology and Culture, 5 (4). doi: 10.9707/2307-0919.1135

Khan, S., Shapka, J. D., Domene, J. F. (2021). Counsellors' experiences of online therapy. British Journal of Guidance, Counselling, 50 (1), 43–65.

Kierkegaard, S. A. (1844). Begrebet Angest. Tokyo: Iwanami-Shoten.

Kinnier, R. T., Kernes, J. L., Tribbensee, N. E., Puymbroeck, C. M. (2003). What eminent people have said about the meaning of life. Journal of Humanistic Psychology, 43 (1), 105–118.

Klar, S. (2020). Liebe. In J. von Wirth, H. Kleve (Hrsg.), Lexikon des systemischen Arbeitens. Heidelberg: Carl-Auer. https://www.carl-auer.de/magazin/systemisches-lexikon/liebe (Zugriff am 01.06.2023).

Klasen, M. (2013). Geschichten über Geschichten: Kreatives Schreiben und narrative Ansätze in der systemischen Onlineberatung. Kontext, 44 (2), 149–174.

Klein, L. (2005). Working across the gap: The practice of social science in organisations. London: Karnac.

Klein, M. (1997). Envy and gratitude and other works 1946–1963. Reading, UK: Vintage.

Klein, R. (2009). Überlegungen zur systemischen Therapie süchtigen Trinkens: zwei Musterbeschreibungen. Systhema, 2, 135–150.

Klein, R., Kannicht, A. (2020). Einführung in die Praxis der systemischen Therapie und Beratung (4. Aufl.). Heidelberg: Carl-Auer.

Klußmann, R. (2000). Die vier Psychologien der Psychoanalyse. In: Psychotherapie. Berlin, Heidelberg: Springer. https://doi.org/10.1007/978-3-642-57159-6_1 (Zugriff am 09.06.2023).

Knümann, S. (2019). Naturtherapie. Mit Naturerfahrungen Beratung und Psychotherapie bereichern. Weinheim: Beltz.

Kocsis, B. J., Yellowlees, P. (2018). Telepsychotherapy and the therapeutic relationship: Principles, advantages, and case examples. Telemedicine Journal and E-Health, 24 (5), 329–334. doi: 10.1089/tmj.2017.0088

Köhler, O. (2021). Systemische Naturtherapie: was es ist & wie es sich unterscheidet. https://de.kailonaturetherapy.com/post/was-ist-systemische-naturtherapie-eigentlich (Zugriff am 01.06.2023).

Kollmeyer, B., Röder, M. (2020). Partnerschaft und Sexualität. Paare in Beratung und Therapie. Stuttgart: Kohlhammer.

Komar, L. (2023). IKIGAI & Japanische Arbeitskultur. Teamazing. https://www.teamazing.de/ikigai-japanische-arbeitskultur-abschauen/ (Zugriff am 04.06.2023).

Koortzen, P., Cilliers, F. (2002). The psychoanalytic approach to team development. In R. L. Lowman (Ed.), Handbook of organisational consulting psychology (pp. 260–284). San Francisco, CA: Jossey-Bass.

Koortzen, P., Cilliers, F. (2007). Symbolism associated with leadership: A systems-psychodynamic perspective. Myth & Symbolism, 4, 28–45. doi: 10.1080/10223820701673981

Koortzen, P., Oosthuizen, R. M. (2012). Psychological experiences in South African society before the 2010 FIFA World Cup from the systems psychodynamic and positive psychology perspectives. SA Journal of Industrial Psychology/SA Tydskrif vir Bedryfsielkunde, 38(2), Art. #976. doi: 10.4102/sajip.v38i2.976

Koren, C. (2022). Dyadic experiences of love in late-life-repartnering relationships. Journal of Family Issues, 43(10), 2624–2646.

Korittko, A., Pleyer, K. H. (2016). Traumatischer Stress in der Familie. Systemtherapeutische Lösungswege (5. Aufl.). Göttingen: Vandenhoeck & Ruprecht.

Kotera, Y., Richardson, M., Sheffield, D. (2022). Effects of Shinrin-Yoku (Forest Bathing) and nature therapy on mental health: A systematic review and meta-analysis. International Journal of Mental Health and Addiction, 20, 337–361. doi: 10.1007/s11469-020-00363-4

Kreszmeier, A. H. (2021). Natur-Dialoge. Der sympoietische Ansatz in Therapie, Beratung und Pädagogik. Stuttgart: Carl-Auer.

Kreszmeier, A. H., Hufenus, H.-P. (2000). Wagnisse des Lernens. Aus der Praxis der kreativ-rituellen Prozessgestaltung. Bern: Haupt.

Kubitschke, L., Müller, S., Meyer, I. (2017). Kann e-Health einen Beitrag zu verstärkter Integration von Gesundheitsdienstleistungen und verbesserter Kooperation beteiligter Akteure leisten? In A. Brandhorst, H. Hildebrandt, E.-W. Luthe (Hrsg.), Kooperation und Integration – das unvollendete Projekt des Gesundheitssystems. Gesundheit. Politik – Gesellschaft – Wirtschaft (S. 512–532). Wiesbaden: Springer VS. doi: 10.1007/978-3-658-13783-0_28

Küchler, T. (2022). Online wachgeküsst – wie wir hinderliche Glaubenssätze im Umgang mit Online-Formaten transformieren können. Ein Leitfaden für Skeptikerinnen und Skeptiker. In A. Hochbahn (Hrsg.), Gekonnt online in Beratung, Coaching und Weiterbildung. Digitale Formate für die Praxis (S. 12–14). Göttingen: Vandenhoeck & Ruprecht.

Leichsenring, K. (2004). Developing integrated health and social care services for older persons in Europe. International Journal of Integrated Care, 4 (3). PMID: 16773149

Leuchtenberg, S., Gromer, D., Käthner, I. (2022). Videoconferencing versus face-to-face psychotherapy: Insights from patients and psychotherapists about comparability of therapeutic alliance, empathy and treatment characteristics. Counselling and Psychotherapy Research. doi: 10.1002/capr.12538

Levold, T., Wirsching, M. (2020). Systemische Therapie und Beratung – das große Lehrbuch. Heidelberg: Carl-Auer.

Lewis, A. M. (2014). Terror Management Theory applied clinically: Implications for existential-integrative psychotherapy. Death Studies, 38 (6), 412–417.

Li, Q., KobayashtheM., (…), Miyazaki, Y. (2009). Effect of Phytoncide from trees on human natural killer cell function. International Journal of Immunopathology and Pharmacology, 22 (4), 951–959.

Li, Q., Morimoto, K., Kobayashi, M., Inagaki, H., Katsumata, M., Hirata, Y. et al. (2008). Visiting a forest, but not a city, increases human natural killer activity and expression of anti-cancer proteins. International Journal of Immunopathology and Pharmacology, 21 (1), 117–127.

Lindemann, H., Trumpa, S. (2021). Hochschullehre: systemisch? Theoretische und praktische Impulse für Didaktik und Methodik. Göttingen: Vandenhoeck & Ruprecht.

Liu, L., Liu, Y. (2022). An research on online counseling platform based on the artificial intelligence technology. BIC 2022, 2nd International Conference on Bioinformatics and Intelligent Computing, 110–113. doi: 10.1145/3523286.3524526

Lomas, T., Waters, L., Williams, P., Oades, L. G., Kern, M. L. (2020). Third wave of positive psychology: Broadening towards complexity. The Journal of Positive Psychology, 16 (9). doi: 10.1080/17439760.2020.1805501

Long, S. (2008). The perverse organisation and its deadly sins. London: Karnac.

Luckner, A. (2020). Albert Camus und die Ethik des Absurden. Agora, 42 (4). https://agora42.de/albert-camus-ethik-des-absurden-luckner/ (Zugriff am 01.06.2023).

Ludewig, K. (2005). Einführung in die theoretischen Grundlagen der systemischen Therapie. Heidelberg: Carl-Auer.

Luhmann, N. (1994). Liebe als Passion. Zur Codierung von Intimität. Frankfurt a. M.: Suhrkamp.

Luhmann, N. (2000). Organisation und Entscheidung. Opladen/Wiesbaden: Westdeutscher Verlag.

Luhmann, N. (2001). Soziale Systeme. Grundriss einer allgemeinen Theorie. Frankfurt a. M.: Suhrkamp.

Lütgerhorst, H.-J., Diekmeier, S., Fengler, J. (2021). Love from a psychotherapeutic perspective including the studies: The need for effective altruism. In C.-H. Mayer, E. Vanderheiden (Eds.), International handbook of love (pp. 481–502). Cham: Springer.

Lüttke, S., Hautzinger, M., Fuhr, K. (2018). E-Health in Diagnostik und Therapie psychischer Störungen. Bundesgesundheitsblatt, 61, 263–270. doi: 10.1007/s00103-017-2684-9

Malik, A. (2021). Coming home to self: Finding self-compassion and self-love in psychotherapy. In C.-H. Mayer, E. Vanderheiden (Eds.), International handbook of love (pp. 503–519). Cham: Springer.

Mathews, G. (1996). What makes a life worth living? How Japanese and Americans make sense of their worlds. Berkeley: University of California Press.

Mathews, G. (2006). Happiness and the pursuit of a life worth living: An anthropological approach. In Y. K. Ng, L. S. Ho, (Eds.), Happiness and public policy. London: Palgrave Macmillan. doi: 10.1057/9780230288027_7

Maturana, H. R. (1998). Erkennen: Die Organisation und Verkörperung von Wirklichkeit (2. Aufl.). Braunschweig: Vieweg.

Maturana, H. R., Varela, F. J. (1990). Der Baum der Erkenntnis. München: Goldmann.

May, S. (2012). Love. A history. New Haven: Yale University Press.

Mayer, C.-H. (2008). Managing conflict across cultures, values and identities. Münster: Waxmann.

Mayer, C.-H. (2011). The meaning of sense of coherence in transcultural management. Münster: Waxmann.

Mayer, C.-H. (2017). Liebe aus kulturellen Perspektiven: Ansätze zur Gestaltung neuer Gesundheitskulturen. Impulse, 98 (1), 3–4.

Mayer, C.-H. (2020). Love in leaders: Leadership solutions in the fourth industrial revolution? In C.-H. Mayer, E. Vanderheiden (Eds.), International handbook of love. Cham: Springer.

Mayer, C.-H. (2021a). Meaning-making through love stories in cultural perspectives: Expressions, rituals and symbols. In C.-H. Mayer, E. Vanderheiden (Eds.): International handbook of love (pp. 895–922). Cham: Springer.

Mayer, C.-H. (2021b). »A silver duck in the dish washing water« or love and crime in the context of positive victimology. In C.-H. Mayer, E. Vanderheiden (Eds.), International handbook of love (pp. 657–679). Cham: Springer.

Mayer, C.-H. (2021c). Albert Camus – A psychobiographical approach in times of Covid-19. Frontiers in Psychology, 12, 644579. doi: 10.3389/fpsyg.2021.644579

Mayer, C.-H. (2023). Unwrapping intercultural love relationships. Springer Briefs. Cham: Springer.

Mayer, C.-H., Fouché, P. J. P. (2021). Lessons learnt from Baruch Spinoza: Shame and faith development in the light of challenges in contemporary society. In C.-H. Mayer, E. Vanderheiden, P. T. Wong (Eds.), Shame 4.0. Investigating an Emotion in Digital Worlds and the Fourth Industrial Revolution (pp. 247–274). Cham: Springer. doi: 10.1007/978-3-030-59527-2_13

Mayer, C.-H., von der Ohe, H., Viviers, R. (2017). The development of sense of coherence in family therapist trainees: a three-year investigation. Journal of Family Psychotherapy, 32 (7–8), 579–593. doi: 10.1080/08975353.2017.1294966

Mayer, C.-H., Oosthuizen, R. (2020a). What contributes to family therapist trainees' health? An investigation into professional and workplace health and well-being. In S. Dhiman (Ed.), Palgrave Handbook of Workplace Well-Being (pp. 1353–1378). Cham: Palgrave. doi: 10.1007/978-3-030-02470-3_64-1

Mayer, C.-H., Oosthuizen, R. (2020b). Sense of coherence in systemic family therapy trainees's growth in times of change: A longitudinal study. International Review of Psychiatry, 32 (7–8), 579–593.

Mayer, C.-H., Oosthuizen, R. M., Tonelli, L., Surtee, S. (2018a). Women leaders as containers: Systems psychodynamic insights into their unconscious roles. Géneros. Multidisciplinary Journal of Gender Studies, 7 (2), 1606–1633. doi: 10.17583/generos.2018.3217

Mayer, C.-H., Tonelli, L., Oosthuizen, R. M., Surtee, S. (2018b). »You have to keep your head on your shoulders«: A systems psychodynamic perspective on women leaders. SA Journal of Industrial Psychology/SA Tydskrif vir Bedryfsielkunde, 44(0), a1424. doi: 10.4102/sajip.v44i0.1424

Mayer, C.-H., Vanderheiden, E. (2020). Positive psychology during the 4th Industrial revolution. New discourses in social and cultural perspectives. International Review of Psychiatry, 32 (7–8). doi: 10.1080/09540261.2020.1813091

Mayer, C.-H., Vanderheiden, E. (2021a). International handbook of love. Transdisciplinary and intercultural perspectives. Cham: Springer.

Mayer, C.-H., Vanderheiden, E. (2021b). Ikigai in existential executive leadership coaching: Findings from Germany and South Africa during Covid-19. In Y. Kotera, D. Fido (Eds.), Ikigai. Towards a psychological understanding of a life worth living (pp. 14–29). Woodbridge, Canada: Concurrent Disorders Society Press.

Mayer, C.-H., Vanderheiden, E. (2022). Women experiencing and transforming terror and death anxiety during COVID-19. The Humanistic Psychologist, 50(3), 425–442. doi: 10.1037/hum0000286

Mayer, C.-H., Viviers, R. (2016). Systemic thinking and transcultural approaches in coaching psychology: Introducing a new coaching framework. In L. E. van Zyl, M. W. Stander, A. Odendaal (Eds.), Coaching psychology: meta-theoretical perspectives and applications in multi-cultural contexts (pp 205–230). Cham: Springer International Publishing.

Mazziotta, A. (2020). Mehr als einen Menschen lieben. Forschungsüberblick zu offenen und polyamoren Beziehungen. Familiendynamik, 45 (4), 308–317.

Mbunge, E. (2020). Effects of COVID-19 in South African health system and society: An explanatory study. Diabetes & Metabolic Syndrome: Clinical Research & Reviews, 14 (6), 1809–1814. doi: 10.1016/j.dsx.2020.09.016

Medisana (2020). Gesundheitstrend Shinrin-Yoku. Wie gesund ist Waldbaden? Medisana Gesundheitsmagazin. https://www.medisana.de/healthblog/shinrin-yoku/ (Zugriff am 01.06.2023).

Meer, A. (2008). Informatikprojekte in komplexen Systemen. http://www.ehealthsummit.ch/downloads/2008_referate/Meer_Andreas_SEHS2008.pdf (Zugriff am 01.12.2019).

Mehl, A., Tomanová, J., Kubena, A., Papezova, H. (2013). Adapting multi-family therapy to families who care for a loved one with an eating disorder in the Czech Republic combined with a follow-up pilot study of efficacy. Journal of Family Therapy, 35 (51), 82–101.

Menzies, I. E. P. (1970). The functioning of social systems as a defence against anxiety. London: Tavistock Institute of Human Relations.

Menzies, I. E. P. (1993). The functioning of social systems as a defence against anxiety. London: Tavistock.

Menzies, R. E., Menzies, R. G. (2020). Death anxiety in the time of COVID-19: Theoretical and clinical implications. Cognitive Behaviour Therapy, 13:e19. doi: 10.1017/S1754470X20000215

Meredith, G. R., Rakow, D. A., Eldermire, E. R. B., Madsen, C. G., Shelley, S. P., Sachs, N. A. (2019). Minimum time dose in nature to positively impact the mental health of college-aged students, and how to measure it: A scoping review. Frontiers in Psychology, 10, doi: 10.3389/fpsyg.2019.02942

Merriman, O., Joseph, S. (2018). Therapeutic implications of counselling psychologists' responses to client trauma: An interpretative phenomenological analysis. Counselling Psychology Quarterly, 31 (1), 117–136. doi: 10.1080/09515070.2016.1266601

Mersky, R. R. (2008). Social dream-drawing: A methodology in the making. In A. Ahlers-Niemann, U. Beumer, R. R. Mersky, B. Sievers (Eds.), Organisationslandschaften. Sozioanalytische Gedanken und Interventionen zur normalen Verrücktheit in Organisationen/Socioanalytic thoughts and interventions on the normalmadness in organizations (pp. 287–300). Bergisch Gladbach: Verlag Andreas Kohlhage.

Messner, E. M., Feikes, K. I. (2021). Systemische Therapie goes online. Psychotherapeut, 66, 501–510. doi: 10.1007/s00278-021-00544-z

Michalsen, A. (2020). Natur ist Therapie und Prävention. Zeitschrift für Komplementärmedizin, 12 (2), 12–17. doi: 10.1055/a-1134-9490

Mieko, K. (1966). Ikigai ni tsuite. Tōkyō, Japan: Misuzu Shobō.

Mind (2018). Nature and mental health. https://www.mind.org.uk/information-support/tips-for-everyday-living/nature-and-mental-health/how-nature-benefits-mental-health/ (Zugriff am 02.06.2023).

Miyazaki, Y. (2018). Shinrin-yoku: the Japanese way of forest bathing for health and relaxation. London: Aster.

Mogi, K. (2017). Ikigai. Die japanische Lebenskunst. Köln: DuMont.

Motsoaledi, L., Cilliers, F. (2012). Executive coaching in diversity from the systems psychodynamic perspective. South African Journal of Industrial and Organisational Psychology, 38 (2), 32–43.

Mousavi, S. K., Shams Ravandi, H. (2022). Study of the online love & its types in cyberspace. Journal of Culture-Communication Studies, 23 (59), 193–218. doi: 10.22083/jccs.2021.279060.3321

Mtemeri, J., Madhovi, Y, Mutambara, J., Maziti, E. (2021). Technology ad counselling in Africa: Reflections from MSc counselling students at a selected university in Zimbabwe. Counselling & Psychotherapy Research, 22 (2), 377–384. doi: 10.1002/capr.12443

Muro, A., Feliu-Soler, A., Canals, J., Parrado, E., Sanz, A. (2022). Psychological benefits of Forest Bathing during the COVID-19 pandemic: A pilot study in a Mediterranean forest close to urban areas. Journal of Forest Research, 27(1), 71–75.

Naor, L., Mayseless, O. (2021). The therapeutic process in nature-based therapies from the perspectives of facilitators: A qualitative inquiry. Ecopsychology, 13 (4), 284–293. doi: 10.1089/eco.2021.0004

Nazarkiewicz, K., Krämer, G. (2012). Handbuch interkulturelles Coaching. Konzepte, Methoden, Kompetenzen kulturreflexiver Begleitung. Göttingen: Vandenhoeck & Ruprecht.

NCBI (National Center for Biotechnology Information) (1999). Brief interventions and brief therapies for substance abuse. Chapter 7 – Brief psychodynamic therapy. National Library of Medicine. https://www.ncbi.nlm.nih.gov/books/NBK64952/ (Zugriff am 01.06.2023).

Neumann, J. E., Hirschhorn, L. (1999). The challenge of integrating psychodynamic and organizational theory. Human Relations, 52 (6), 683–695.

Newman, M. G. (2004). Technology in psychotherapy: An introduction. Journal of Clinical Psychology, 60 (2), 141–145.

Obholzer, A. (2001). The leader, the unconscious, and the management of the organisation. In L. J. Gould, L. F. Stapley, M. Stein (Eds.), The systems psychodynamics of organisations: Integrating the group relations approach. Psychoanalytic and open systems perspective (pp. 91–114). New York: Karnac.

Okyere-Twum, E. (2022). Can digital innovation be helpful to counselling and psychotherapy in low- and middle-income countries? The case of Ghana. Counselling and Psychotherapy Research, 22(2), 357–366.

Oosthuizen, R. M., Mayer, C.-H. (2019). At the edge of the Fourth Industrial Revolution: Employees' perceptions of employment equity from a CIBART perspective. SA Journal of Industrial Psychology/SA Tydskrif vir Bedryfsielkunde, 45(0), a1695. doi: 10.4102/sajip.v45i0.1695

Orlinsky, D. et al. (1999). Development of psychotherapists: Concepts, questions, and methods of a collaborative international study. Psychotherapy Research, 9 (2), 127–153.

Ott, R. (2003). Klinisch-psychologische Intervention und Psychotherapie im Internet: Ein Review zu empirischen Befunden. In R. Ott, C. Eichenberg (Hrsg.), Klinische Psychologie und Internet. Potenziale für klinische Praxis, Intervention, Psychotherapie und Forschung (S. 117–127). Göttingen: Hogrefe.

Ozawa-de Silva, C. (2008). Too lonely to die alone: Internet suicide pacts and existential suffering in Japan. Culture, Medicine, and Psychiatry, 32, 516–551.

Paris, G. (1883). Études sur les romans de la Table Ronde: Lancelot du Lac. II: Le conte de la charrette. Romania, 12, 459–534.

Park, B. J., Tsunetsugu, Y., Kasetani, T., Hirano, H., Kagawa, T., Sato, M., Miyazaki, Y. (2007). Physiological effects of Shinrin-yoku (taking in the atmosphere of the forest) – using salivary cortisol and cerebral activity as indicators. Journal of Physiological Anthropology, 26 (2), 123–128. https://doi.org/10.2114/jpa2.26.123

Park, B. J., Tsunetsugu, Y., Kasetani, T., Kagava, T., Miyazaki, Y. (2010). The physiological effects of Shinrin-yoku (taking in the forest atmosphere or forest bathing): Evidence from field experiments in 24 forests across Japan. Environmental Health and Preventive Medicine, 15, 18–26. doi: 10.1007/s12199-009-0086-9

Park, C. L. (2010). Making sense of the meaning literature: An integrative review of meaningmaking and its effects on adjustment to stressful life events. Psychological Bulletin, 136, 257–301.

Park, H. A. (2016). Are we ready for the fourth industrial revolution? Yearbook of medical informatics, 25 (1), 1–3.

Peterson, C., Ruch, W., Beermann, U., Park, N., Seligman, M. (2007). Strengths of character, orientations to happiness and life satisfaction. The Journal of Positive Psychology, 2 (3), 149–156. doi: 10.1080/17439760701228938

Pfeifer, E. (2019). Natur in Psychotherapie und Künstlerischer Therapie. Gießen: Psychosozial-Verlag.

Pfeiffer-Schaupp, U. (2014). Trauer in der systemischen Supervision – Oder: Der Tod klopft öfter an, als man denkt. www.vr-elibrary.de/doi/pdf/10.13109/kont.2008.39.1.31?download=true (Zugriff am 01.06.2023).

Plevin, J. (2018). From Haiku to Shinrin-Yoku: A brief history of forest bathing. https://foresthistory.org/wp-content/uploads/2019/06/3-Plevin_Forest_Bathing.pdf (Zugriff am 09.06.2023).

Plusnin, N., Pepping, C. A., Kashima, E. S. (2018). The role of close relationships in terror management: A systematic review and research agenda. Personality and Social Psychology Review, 22 (4), 307–346.

Popova, M. (2014). A life worth living: Albert Camus and our search for meaning and why happiness is our moral obligation. The Marginalian. https://www.themarginalian.org/2014/09/22/a-life-worth-living-albert-camus/ (Zugriff am 09.06.2023).

Prescott, J. (2022). Online counselling and therapy. Mental Health and Social Inclusion, 26 (3), 197–200.

Pyszczynski, T., Solomon, S., Greenberg, J. (2015). Thirty years of terror management theory. Advances in Experimental Social Psychology, 52, 1–70. doi: 10.1016/bs.aesp.2015.03.001

Pyszczynski, T., Taylor, J. (2016). When the buffer breaks: Disrupted terror management in Post-Traumatic Stress Disorder. Current Directions in Psychological Science, 25 (4), 286–290.

Querwaldein (2021). Selbsterfahrung und Beratung. https://www.querwaldein.de/erwachsene/selbsterfahrung-beratung/ (Zugriff am 01.06.2023).

Reciniello, S. (2014). The conscious leader: Nine principles and practices to create a wide-awake and productive workplace. Greenwich, CT: LID Publishing.

Reich, G., Boetticher, A. von (2020). Psychodynamische Paar- und Familientherapie. Stuttgart: Kohlhammer.

Rettie, H., Daniels, J. (2020). Coping and tolerance of uncertainty: Predictors and mediators of mental health during the Covid-19 pandemic. American Psychologist, 76(3), 427–437. doi: 10.1037/amp0000710

Retzer, A. (1994). Familie und Psychose. Zum Zusammenhang von Familieninteraktion und Psychopathologie bei schizophrenen, schizoaffektiven und manisch-depressiven Psychosen. Stuttgart: G. Fischer.

Retzer, A. (2004). Systemische Paartherapie. Stuttgart: Klett-Cotta.

Richter, S. (2021). Eure Liebe. Haltung, Methoden und Interventionen für die Paartherapie. Heidelberg: Carl-Auer.

Riedler-Singer, R. (2000). Wie kann ein Sterben im Kreis der Familie unterstützt werden? Sichtweisen der Systemischen Familientherapie. In J. Bonelli, E. H. Prat (Hrsg.), Leben – Sterben – Euthanasie? (S. 147–150). Wien: Springer. doi: 10.1007/978-3-7091-6787-8_15

Riehl-Emde, A., Willi, J. (1997). Sich verlieben und die große Liebe. Psychotherapeut, 42, 85–91. doi: 10.1007/s002780050056

Riehl-Emde, A., Willi, J. (1999). »Ist seine Ehe auch ihre Ehe?« – Eine alte Frage in neuem Licht. System Familie, 12, 132–138. doi: 10.1007/s004910050054

Rodriguez-Rey, R., Garrido-Hernansaiz, H., Collado, S. (2020). Psychological impact and associated factors during the initial stage of the Coronavirus (COVID-19) pandemic among the general population in Spain. Frontiers in Psychology, 11, 1540. doi: 10.3389/fpsyg.2020.01540. eCollection 2020

Roesler, C. (2011). Die virtuelle therapeutische Beziehung. Psychotherapie im Dialog, 12 (2), 107–112.

Rosenauer, D. M. (2009). Online Beratung – aus systemischer Sicht. Systeme, 23 (1), 26–50.

Rosenblatt, P. (2021). Love in unhappy couples. In C.-H. Mayer, E. Vanderheiden (Eds.), International handbook of love (pp. 439–455). Cham: Springer.

Röttger-Rössler, B. (2006). Kulturen der Liebe. http://www.diss.fu-berlin.de/docs/servlets/MCRFileNodeServlet/FUDOCS_derivate_000000004194/Rxttger-Rxssler_KulturenxdenxLiebe.pdf (Zugriff am01.06.2023).

Roussell, L. (1980). Ehe und Ehescheidungen. Beitrag zu einer systemischen Analyse von Ehemodellen. Familiendynamik, 5 (3), 186–203.

Routledge, C., Ostafin, B., Jiuhl, J., Sedikides, C., Cathey, C., Liao, J. (2010). Adjusting to death: The effects of mortality salience and self-esteem on psychological well-being, growth motivation, and maladaptive behavior. J. Person. Soc. Psychol. 99, 897–916. doi: 10.1037/a0021431

Roviello, V., Gilhen-Baker, M., Vicidomini, C. Roviello, G. N. (2021). Forest-bathing and physical activity as weapons against COVID-19: A review. Environmental Chemistry Letters, 20, 131–140. doi: 10.1007/s10311-021-01321-9

Schiepek, G., Schweitzer-Rothers, J. (2021). Systemische Psychotherapie und Beratung. In J. Hoyer, S. Knappe (Hrsg.), Klinische Psychologie & Psychotherapie (S. 427–442). Berlin/Heidelberg: Springer. doi: 10.1007/978-3-662-61814-1_16

Schiersmann, C., Thiel, H. U. (2012). Beratung als Förderung von Selbstorganisationsprozessen – eine Theorie jenseits von »Schulen« und »Formaten«.

In C. Schiersmann, H. U. Thiel (Hrsg.), Beratung als Förderung von Selbstorganisationsprozessen. Empirische Studien zur Beratung von Personen und Organisationen auf der Basis der Synergetik (S. 14–78). Göttingen: Vandenhoeck & Ruprecht.

Schlippe, A. von, Schweitzer, J. (2003). Lehrbuch der systemischen Therapie und Beratung (9. Aufl.). Göttingen: Vandenhoeck & Ruprecht.

Schmitz, A., Hirsmüller, S., Schröer, M., Schulz-Quach, C., Schnell, M. W. (2019). Wer gehört zu mir? Systemische Therapie und familienzentrierte Trauerbegleitung mit An- und Zugehörigen. In M. Schnell, C. Schulz-Quach (Hrsg.), Basiswissen Palliativmedizin. Heidelberg: Springer. doi: 10.1007/978-3-662-59285-4_11

Schnell, K., Stein, M. (2021). Diagnostics and Therapy 24/7? Artificial intelligence as a challenge and opportunity in psychiatry and psychotherapy. Psychiatrische Praxis, 48, 5–10.

Schulz-Quach, C., Hartmann, S., Schmitz, A. (2019). Psychotherapie in der Palliativmedizin. In M. Schnell, C. Schulz-Quach (Hrsg.), Basiswissen Palliativmedizin. Berlin: Springer. doi: 10.1007/978-3-662-59285-4_10

Schuster, R., Topooco, N., Keller, A., Radvogin, E., Laireiter, A.-R. (2020). Advantages and disadvantages of online and blended therapy: Replication and extension of findings on psychotherapists' appraisals. Internet Interventions, 21, 100326. doi: 10.1016/j.invent.2020.100326

Schwab, K. (2015). The Fourth Industrial Revolution. Genf: World Economic Forum.

Schwarz, S., Messerschmidt, H., Dören, M. (2007). Psychosoziale Einflussfaktoren für die Krebsentstehung. Medizinische Klinik, 102, 967–979. doi: 10.1007/s00063-007-1128-y

Seligman, M. E. P. (2011). Flourish: A visionary new understanding of happiness and well-being. New York: Free Press.

Selvini Palazzoli, M., Boscolo, L., Checcin, G., Prata, G. (1981). Hypothetisieren, Zirkularität, Neutralität. Drei Richtlinien für den Leiter der Sitzung. Familiendynamik, 6, 123–139.

Sharpe, M. (2015). Camus, philosophe: To return to our beginnings. Leiden: Brill.

de Shazer, S. (2004). Der Dreh. Überraschende Wendungen und Lösungen in der Kurzzeittherapie. Heidelberg: Carl-Auer.

Shemla, M., Meyer, B., Greer, L., Jehn, K. A. (2014). A review of perceived diversity in teams: Does how members perceive their team's composition affect team processes and outcomes? Journal of Organizational Behavior. doi: 10.1002/job.1957

Sher, M. (2010). Corruption: Aberration or an inevitable part of the human condition? Insights from a Tavistock approach. Organisational & Social Dynamics, 10 (1), 40–55.

Sher, M. (2013). The dynamics of change: Tavistock approaches to improving social systems. London: Karnac.

Sherman, D. (2009). Camus. Hoboken, NJ: John Wiley & Sons.

Sievers, B. (2009). Psychoanalytic studies of organizations: Contributions from the International Society for the Psychoanalytic Study of Organizations. London: Karnac.

Simon, F. B., Rech-Simon, C. (2021). Zirkuläres Fragen: systemische Therapie in Fallbeispielen. Ein Lehrbuch (14. Aufl.). Stuttgart: Carl-Auer.

Simon, F. B., Weber, G. (2017). Vom Navigieren beim Driften. »Post aus der Werkstatt« der systemischen Therapie (5. Aufl.). Heidelberg: Carl-Auer Systeme.

Simon, L., Greenberg, J., Harmon-Jones, E., Solomon, S., Pyszczynski, T., Arndt, J., Abend, T. (1997). Terror management and cognitive-experiential self-theory: Evidence that terror management occurs in the experiential system. Journal of Personality and Social Psychology, 72(5), 1132–1146. doi: 10.1037/0022-3514.72.5.1132

Simpson, S. (2009). Psychotherapy via videoconferencing: A review. British Journal of Guidance & Counselling, 37 (3), 271–286. doi: 10.1080/03069880902957007

Solomon, R. C. (1993). The passions: Emotions and the meaning in life. Indianapolis, IN: Hackett Publishing Company.

Solomon, S., Greenberg, J., Pyszczynski, T. (2004). The cultural animal: Twenty years of Terror Management Theory and research. In J. Greenberg, S. L. Koole, T. Pyszczynski (Eds.), Handbook of experimental existential psychology (pp. 13–34). New York: Guilford.

Sone, O., Nakaya, N., Ohmori, K., Shimazu, T., Higashiguchi, M., Kakizaki, M., Kikuchi, N., Kuriyama, S., Tsuji, I. (2008). Sense of life worth living (Ikigai) and mortality in Japan: Ohsaki study. Psychosomatic Medicine, 70(6), 709–715. doi: 10.1097/PSY.0b013e31817e7e64

Spinelli, E. (2007). Practicing existential psychotherapy: The relational world. Thousand Oaks: Sage.

Stangl, W. (2021). Terror-Management-Theorie. Online Lexikon für Psychologie & Pädagogik. https://lexikon.stangl.eu/19609/terror-management-theorie (Zugriff am 09.06.2023).

Stapley, L. F. (1996). The personality of the organisation. A psycho-dynamic explanation of culture and change. London: Free Association.

Stapley, L. F. (2006). Individuals, groups and organisations beneath the surface: An introduction. London: Karnac.

Steger, M. F. (2012). Experiencing meaning in life: Optimal functioning at the nexus of well-being, psychopathology, and spirituality. In P. T. P. Wong (Ed.), Personality and clinical psychology series. the human quest for meaning: Theories, research, and applications (pp. 165–184). New York: Routledge/Taylor & Francis Group.

Stein, M. (1996). Unconscious phenomena in work groups. In M. A. West (Ed.), Handbook of work group psychology (pp. 143–158). Hoboken, NJ: Wiley & Sons.

Stein, M. (2004). Theories of experiential learning and the unconscious. In L. J. Gould, L. F. Stapley, M. Stein (Eds.), Experiential learning in organizations (pp. 19–36). London: Karnac.

Sternberg, R. J. (1997). Construct validation of a triangular love scale. European Journal of Social Psychology, 27 (3), 313–335.

Steyn, M., Cilliers, F. (2016). The systems psychodynamic experiences of organisational transformation amongst support staff. SA Journal of Industrial Psychology, 42 (1), a1367. doi: 10.4102/sajip.v42i1.1367

Stierlin, H. (1997). Zum aktuellen Stand der systemischen Therapie. Familiendynamik, 22 (4), 348–362.

Stoll, J., Müller, J. A., Trachsel, M. (2020). Ethical issues in online psychotherapy: A narrative review. Frontiers in Psychiatry, 10, 993. doi: 10.3389/fpsyt.2019.00993

Stoltze, K. (2021). Verlust durch Tod eines engen Familienmitglieds. Familiendynamik, 46 (2), 126–132.

Stone, L. (1989): Passionate attachments in the West in historical perspective. In W. Gaylin, E. Person (Eds.), Passionate attachments: Thinking about love (pp. 15–26). New York, NY: Touchstone.

Stones, C. R. (1986). Love styles revisited: A cross-national comparison with particular reference to South Africa. Human Relations, 39 (4), 379–381.

Tanno, K., Sakata, K. (2007). Psychological factors and mortality in the Japan Collaborative Cohort Study for Evaluation of Cancer (JACC). Asian Pacific Journal of Cancer Prevention, 8 (Suppl.), 113–122.

Tanno, K., Sakata, K., Ohsawa, M., Onoda, T., Itai, K., Yaegashi, Y., Tamakoshi, A. (2009). Associations of ikigai as a positive psychological factor with all-cause mortality and cause-specific mortality among middle-aged and elderly Japanese people: Findings from the Japan Collaborative Cohort Study. Journal of Psychosomatic Research, 67 (1), 67–75. doi: 10.1016/j.jpsychores.2008.10.018

Tavistock Institute (2017). Tavistock Consulting. https://tavistockconsulting.co.uk/approach-systems-psychodynamic-thinking/ (Zugriff am 01.06.2023).

TenHouten, W. (2021). Hatred, life without love, and the descent into hell. In C.-H. Mayer, E. Vanderheiden (Eds.), International handbook of love (pp. 699–718). Cham: Springer.

Thaik, C. M. (2014). The kind of love that does your heart good. Psychology Today. http://www.psychologytoday.com/hk/blog/the-heart/201403/the-kind-love-does-your-heart-good (Zugriff am 01.06.2023).

Trask, B. (2021). Love in a time of globalization: Intimacy re-imagined across cultural flows. In C.-H. Mayer, E. Vanderheiden (Eds.), International handbook of love (pp. 567–582). Cham: Springer.

Tscheulin, D. (1992). Wirkfaktoren psychotherapeutischer Interventionen. Göttingen: Hogrefe.

Van Deurzen, E., Adams, M. (2011). Skills in existential counsellingand psychotherapy. London: Sage Publications.

Van Kessel, C., den Heyer, K., Schimel, J. (2020). Terror management theory and the educational situation. Journal of Curriculum Studies, 52, 428–442. doi: 10.1080/00220272.2019.1659416

Van Tongeren, D. R., Showalter van Tongeren, S. A. (2020). The courage to suffer. A new clinical framework for life's greatest crises. West Conshocken, PA: Templeton Press.

Volini, L. A. (2017). An introduction to global family therapy: Examining the empirical evidence of terror management theory within the family and social system. The American Journal of Family Therapy, 45(2), 79–94.

Wagner, B. (2016). Online-Therapie – eine neue Perspektive in der Psychotherapie für Flüchtlinge und Asylbewerber? Psychotherapie Forum, 21, 124–131. doi: 10.1007/s00729-016-0074-7

Walsh, F. (2020). Loss and Resilience in the Time of COVID-19: Meaning making, hope, and transcendence. Family Process, 59 (3), 898–911.

Weber, G., Stierlin, H. (2001). In Liebe entzweit. Ein systemischer Ansatz zum Verständnis und zur Behandlung der Magersuchtsfamilie. Heidelberg: Carl-Auer.

White, M. P. et al. (2019). Spending at least 120 Minutes a week in nature is associated with good health and well-being. World Scientific Reports, 9 (1), 7730.

Wildfeuer, J., Schnell, M. W., Schulz, C. (2015). Talking about dying and death: On new discursive constructions of a formerly postulated taboo. Discourse & Society, 26 (3), 366–390. doi: 10.1177/0957926514564739

Wilhelm, F. H., Pfaltz, M. C. (2009). Neue Technologien in der Psychotherapie. In J. Margraf (Hrsg.), Lehrbuch der Verhaltenstherapie. Band 1: Grundlagen, Diagnostik, Verfahren, Rahmenbedingungen (3. Aufl., S. 767–796). Berlin: Springer.

Willi, J. (1975). Die Zweierbeziehung. Spannungsursachen, Störungsmuster, Klärungsprozesse, Lösungsmodelle. Analyse des unbewussten Zusammenspiels von Partnerwahl und Paarkonflikt: das Kollusionskonzept. Reinbek: Rowohlt.

Willi, J. (2019). Psychologie der Liebe. Persönliche Entwicklung durch Partnerbeziehungen (7. Aufl.). Stuttgart: Klett-Kotta.

Win, M. N., Han, L. W., Samson Chandresh Kumar, E. K. K., Keat, T. Y., Ravana, S. D. (2022). AI-based personalized virtual therapist for alcohol relapse. Enthusiastic: International Journal of Applied Statistics and Data Science, 2(2), 82–96. doi: 10.20885/enthusiastic.vol2.iss2.art3

Winnicott, D. W. (2006). The family and individual development. London: Routledge.

Wischmeyer, O. (2015). Liebe als Agape. Das frühchristliche Konzept und der moderne Diskurs. Tübingen: Mohr Siebeck.

Wong, P. T. P. (2011). Positive psychology 2.0: Towards a balanced interactive model of the good life. Canadian Psychology/Psychologie canadienne, 52 (2), 69–81. doi: 10.1037/a0022511

Wong, P. T. P. (2020a). Made for resilience and happiness. Effective coping with Covid-19. Toronto: IMPN Press.

Wong, P. T. P. (2020b). Existential Positive Psychology according to Paul T. P. Wong. Exploring your mind. https://exploringyourmind.com/existential-positive-psychology-according-to-paul-t-p-wong/ (Zugriff am 02.06.2023).

Wong, P. T. P. (2020c). What is Existential Positive Psychology? (PP 2.0)? Why is it Necessary for Mental Health During the Pandemic? http://swww.drpaulwong.com/what-is-existential-positive-psychology-why-is-it-necessary-for-mental-health-during-the-pandemic/ (Zugriff am 02.06.2023).

Worthington, E. L. (2001). Five steps to forgiveness: The art and science of forgiving. New York: Crown.

Worthington, E. L. (2005). Handbook of forgiveness. New York: Routledge.

Worthington, E. L., Scherer, M. (2004). Forgiveness is an emotion-focused coping strategy that can reduce health risks and promote health resilience: Theory, review, and hypotheses. Psychology & Health, 19(3), 385–405. doi: 10.1080/0887044042000196674

Xu, B., Zhuang, Z. (2020). Survey on psychotherapy chatbots. Concurrency and computation. Practice and Experience, 34 (7). doi: 10.1002/cpe.6170

Yalom, I. D. (1980). Existential psychotherapy. New York: Basic Books.

Yuen, H. K., Jenkins, G. R. (2019). Factors associated with changes in subjective well-being immediately after urban park visit. Journal of Environmental Health Research, 30 (2), 134–145.

Zaretsky, R. (2013). A life worth living: Albert Camus and the quest for meaning. Cambridge, MA: Belknap Press.